A POLÍTICA DAS CLASSES MÉDIAS

Corporativismo no Brasil pós-1930

A POLÍTICA DAS CLASSES MÉDIAS

Corporativismo no Brasil pós-1930

Marco Aurélio Vannucchi

FAPERJ
Fundação Carlos Chagas Filho de Amparo à Pesquisa do Estado do Rio de Janeiro

FGV EDITORA

Direitos desta edição reservados à
FGV EDITORA
Rua Jornalista Orlando Dantas, 9
22231-010 | Rio de Janeiro, RJ | Brasil
Tel.: 21-3799-4427
editora@fgv.br | www.editora.fgv.br

Impresso no Brasil | *Printed in Brazil*

1ª edição: 2024

Preparação de originais: Ronald Polito
Projeto gráfico de miolo e diagramação: Mari Taboada
Revisão: Michele Mitie Sudoh
Capa: Aline Carrer

Dados Internacionais de Catalogação na Publicação (CIP)
Ficha catalográfica elaborada pela Biblioteca Mario Henrique Simonsen/FGV

Mattos, Marco Aurélio Vannucchi Leme de
A política das classes médias : corporativismo no Brasil pós-1930 / Marco Aurélio Vannucchi. - Rio de Janeiro : FGV Editora, 2024.
208 p.

Inclui bibliografia.
ISBN: 978-65-5652-333-0

1. Classe média - Atividades políticas - Brasil. 2. Corporativismo - Brasil. 3. Profissionais liberais - Regulamentação. I. Fundação Getulio Vargas. II. Título.

CDD – 301.4410981

Elaborada por Márcia Nunes Bacha – CRB-7/4403

Para Míriam Vannucchi Leme, minha mãe

Sumário

Lista de tabelas e quadro

Introdução

A tese que este livro sustenta é a da existência de um corporativismo voltado às classes médias, erigido e colocado em funcionamento durante o regime varguista. A importante e volumosa literatura sobre o corporativismo brasileiro interessou-se pela relação do empresariado e dos trabalhadores com o Estado, mas pouco percebeu que o mesmo movimento que incorporou politicamente esses grupos sociais, em chave corporativa, também abrangeu as classes médias. E, a partir da década de 1930, boa parte da ação coletiva das classes médias canalizou-se para o aparato corporativo.

Para entender adequadamente a introdução e a consolidação das formas corporativas de representação de interesses no Brasil é preciso evocar o contexto histórico no qual ocorreram. O movimento político-militar que encerrou o regime liberal-oligárquico em 1930 inaugurou um processo de modernização conservadora, nos termos propostos por Barrington Moore. Segundo o sociólogo americano, uma das vias historicamente realizadas de conversão de sociedades tradicionais em sociedades modernas é a de uma industrialização acelerada viabilizada por uma "revolução pelo alto". Em países como a Alemanha ou o Japão, a modernização conservadora foi liderada por elementos dissidentes da antiga classe dominante, majoritariamente provenientes do campo, secundados por uma burguesia comercial e industrial relativamente frágil. Nessa via de modernização, um fator fundamental foi a existência de uma coalizão entre a aristocracia rural e a burguesia comercial e industrial. As condições necessárias para o sucesso dessa via de modernização consistiram em: a) a neutralização de setores reacionários, contrários às reformas modernizantes, especialmente entre os grandes proprietários rurais; b) a construção de um aparato burocrático poderoso, incluindo organismos repressivos encarregados de conter tanto os reacionários quanto os setores populares; c) a autonomização relativa do Estado em relação à sociedade. O agente que conduziu a modernização conservadora nos países em que ela ocorreu foi o Estado. Ele viabilizou a afirmação da indústria, recorrendo a várias medidas, como a disponibilização de recursos e o controle sobre o operariado fabril (Moore, 1967:XV-XVI, 436-441).

Também o Brasil transitou para o capitalismo industrial pelo caminho da modernização conservadora, sob a direção do Estado instaurado em 1930. Dirigido por elementos de oligarquias rurais voltadas à produção para o mercado interno (originários, especialmente, dos estados do Rio Grande do Sul e de Minas Gerais) e por elementos urbanos (industriais, profissionais liberais e militares), o novo Estado garantiu as três condições mencionadas por Moore para o sucesso da "revolução pelo alto". Com o auxílio de um aparato estatal centralizado e ampliado, conteve tanto os setores oposicionistas das classes dominantes (destacadamente a oligarquia paulista) quanto as organizações de esquerda e o movimento operário mais combativo. Igualmente, o Estado pós-1930 apresentou uma significativa margem de autonomia, que permite classificá-lo como bonapartista (Coutinho, 1992:126; Weffort, 1978:70).

Tal autonomia beneficiava-se da incapacidade de qualquer fração das classes dominantes de exercer hegemonia, assim como da necessidade de incorporar as classes médias e o operariado urbano para dotar o regime de razoável estabilidade. O operariado foi incorporado ao processo de modernização conservadora usufruindo da legislação social e de uma participação política controlada (quando não reprimida) pelo Estado. Por sua vez, as classes médias foram atraídas pela expansão do emprego público, pela proteção do *status* e dos interesses econômicos das profissões liberais (propiciada pela regulamentação profissional) e pelo alargamento dos canais de apresentação de suas demandas junto ao Estado (concretizado pela criação das entidades corporativas). O empresariado industrial passou a contar com um nível de influência junto ao Estado e de acesso aos recursos públicos que até então não conhecera. Os grandes proprietários rurais, apesar de sua relativa decadência política, continuaram amparados pelo Estado, de que são prova a política cafeeira da década de 1930, a preservação da estrutura de propriedade da terra e o bloqueio da vigência da legislação trabalhista e social no campo. Aliás, apenas os trabalhadores rurais foram excluídos da aliança policlassista que sustentou o Estado varguista, sacrificados pelos interesses dos fazendeiros (Diniz, 1996; Vianna, 1976:119).

O corporativismo, compreendido como uma modalidade de relação entre Estado e sociedade (Schmitter, 1974:86-94; Pinto, 2020:8-9), constituiu um instrumento fundamental para viabilizar dois aspectos da modernização conservadora colocada em marcha a partir de 1930: a) a industrialização (ao abrir espaços de participação ao empresariado em instâncias de planejamento e decisão econômica e ao estabelecer controle sobre a organização operária) (Vianna, 1976:135); b) a montagem do Estado de Compromisso (ao criar canais de participação política para os grupos sociais que formavam a aliança policlassista em que o Estado se arrimava) (Vannucchi, 2019:68-71).

James Malloy aponta essa dupla função do corporativismo não apenas no Brasil, mas em vários outros países latino-americanos (como Argentina e México) nos anos 1930 e 1940. Segundo ele, os "regimes autoritários corporativistas" (entre os quais o varguista) constituíram uma tentativa de superação de uma crise geral de autoridade (o que parece significar uma crise de legitimidade do

Estado). Tais regimes procuraram incorporar uma multiplicidade de interesses inscritos na sociedade, a fim de garantir estabilidade política e permitir a implementação de políticas voltadas ao desenvolvimento. A crise de autoridade foi uma crise do poder oligárquico, causada pela crise da economia agroexportadora. Para dar suporte à sua iniciativa de diversificar a economia, o que incluiu, sobretudo, incentivos à industrialização, os novos regimes incorporaram politicamente os setores subalternos das cidades e do campo (faço a ressalva de que o governo Vargas não incorporou nem social nem politicamente os trabalhadores rurais). Ao mesmo tempo, tal incorporação visava ao incremento da autonomia do Estado. Para que ela fosse obtida, fez-se necessário que o Estado se protegesse tanto das pressões dos grupos dominantes quanto dos grupos subalternos, recém-incorporados, o que seria obtido pelo controle da participação política, sobretudo por meio dos mecanismos corporativos (Malloy, 1977:5-14). Ainda de acordo com Malloy, os regimes policlassistas que substituíram os oligárquicos teriam sido liderados pelas classes médias nacionais (de que, evidentemente, discordo quanto ao caso brasileiro (Malloy, 1977:9).

Esclareço que, no livro, faço empréstimo da definição de classes médias[1] proposta por Décio Saes: o conjunto dos trabalhadores predominantemente não manuais das sociedades capitalistas, "e não o conjunto da camada dos trabalhadores improdutivos". O autor esclarece tal ressalva: "É que a hierarquia do trabalho, cujos efeitos conservadores se fazem sentir sobre os trabalhadores improdutivos não manuais, não impede que os trabalhadores improdutivos se unam à classe operária fabril na crítica integral [...] ao capitalismo." (Saes, 1996:452).

---

1. Embora reconhecendo sua heterogeneidade, Saes usa o termo no singular (*classe média*). Preferi usar o termo no plural (*classes médias*), justamente para ressaltar tal heterogeneidade.

Saes distingue dois grandes grupos no interior das classes médias: a *camada superior* (constituída por altos funcionários públicos, gerentes de bancos e profissionais liberais, entre outros segmentos) e a *camada inferior* (formada pelo baixo funcionalismo público, empregados de comércio e bancários, por exemplo). A clivagem entre as duas camadas alicerça-se tanto no comportamento político quanto nas *situações de trabalho*, compreendidas como arranjos específicos de elementos como relações de trabalho, forma de remuneração, nível de remuneração e nível de formação necessário (Saes, 1996:452-454).

Este livro resulta de uma agenda de pesquisa desenvolvida ao longo de vários anos e financiada pela Fundação Carlos Chagas Filho de Amparo à Pesquisa do Estado do Rio de Janeiro (Faperj), pelo Conselho Nacional de Desenvolvimento Científico e Tecnológico (CNPq) e pela Fundação Biblioteca Nacional (FBN). Originalmente, os capítulos que se seguem foram publicados como artigos. Mantive aqui o caráter autônomo dos capítulos, de forma que o leitor poderá ler o capítulo que quiser e o livro na ordem em que preferir. De todo modo, o texto dos artigos foi alterado a fim de garantir a organicidade do livro. O que significa dizer que o leitor também poderá ler com proveito o livro na sequência tradicional, o que lhe permitirá perceber que o eixo que perpassa todo o livro é o corporativismo das classes médias no Brasil entre as décadas de 1930 e 1960.

O primeiro capítulo do livro explora a conexão entre a constituição da base de apoio ao regime instaurado no Brasil em 1930 e a criação de instituições corporativas, destacadamente a representação classista e o sindicalismo oficial. Na Assembleia Nacional Constituinte ocorrida entre 1933 e 1934, as disposições do regime em relação às formas corporativas estiveram em debate e sofreram resistências, especialmente por parte dos representantes da Igreja Católica e das oligarquias estaduais. De todo modo, pela Constituição promulgada ou por legislação ordinária, o regime logrou manter tanto a representação classista quanto a organização sindical corporativa.

O segundo capítulo examina a inserção dos profissionais liberais no aparato corporativo. O corporativismo dos profissionais liberais incumbiu-se tanto da regulamentação profissional quanto da representação de interesses e seus órgãos oficiais foram os sindicatos e os conselhos profissionais. Também procuro mensurar o poder que esses órgãos tinham para fazer valer os interesses dos grupos profissionais que representavam.

O capítulo seguinte avalia o impacto da implementação do aparato corporativo sobre a autonomia da sociedade civil. Abordo a incorporação política em chave corporativa do empresariado e dos trabalhadores urbanos, mas especialmente dos profissionais liberais. Procuro sublinhar o caráter dinâmico e classista desse processo. Ademais, demonstro que, malgrado a predominância tendencial do Estado na relação com a sociedade civil, o corporativismo implicou ganhos e perdas (em qualidade e quantidade diferentes) para ambas as partes.

Já o quarto capítulo demonstra que o aparato corporativo ofereceu, durante a ditadura estadonovista, um canal direto e permanente de apresentação de demandas das profissões liberais ao Estado, concretizado nas entidades sindicais e nos conselhos profissionais. Ao mesmo tempo, permitiu ao Estado controlar este grupo social. No entanto, o controle necessitava de contínua atualização pelo regime e enfraqueceu-se quando este entrou em crise, o que deu margem a que parte do aparato corporativo, como a Ordem dos Advogados do Brasil (OAB) e o Sindicato dos Advogados, fosse tomada por forças oposicionistas.

O quinto capítulo investiga um aspecto peculiar do corporativismo destinado às classes médias no Brasil, qual seja, a duplicidade dos seus organismos de representação. Ao contrário do que ocorreu com o empresariado industrial e os trabalhadores urbanos, o exercício da representação das classes médias perante o Estado foi compartilhado pelos conselhos profissionais e os sindicatos. No caso dos advogados, a relação entre o conselho profissional e os sindicatos foi marcadamente conflituosa. Note-se que a existência de dois organismos corporativos potencialmente dotava a representação de maior legitimidade, considerando o processo de diferenciação político-ideológica vivenciado pelas classes médias.

O último capítulo analisa a atuação das entidades corporativas dos advogados, especialmente seu conselho profissional, ante as mudanças sofridas pela profissão em decorrência da modernização da economia e do Estado brasileiro. As metamorfoses pelas quais passaram a advocacia giraram em torno de três pontos: a diversificação das condições de trabalho e de posicionamento político-ideológico da categoria profissional, a inflação de advogados no mercado de trabalho e a demanda de um novo perfil profissional. A OAB respondeu à nova situação, com resultados distintos: logrou garantir seguridade social aos advogados, porém não foi capaz de impedir a ampliação do ensino jurídico. Ademais, foi obrigada a assumir a pauta sindical, sob risco de perder legitimidade no interior da categoria profissional.

CAPÍTULO 1

A construção da base de apoio do regime varguista: sindicatos e representação classista[2]

Logo depois da derrubada da Monarquia, em 1889, as frações estaduais das classes dominantes, em sua maior parte, agruparam-se em torno do projeto, que acabaria por triunfar, de uma república federativa liberal. Essa alternativa já fazia parte do repertório da elite política desde a década de 1870 e deitava raízes no republicanismo conservador surgido no final do Império, cuja maior expressão foi o Partido Republicano Paulista (PRP). A posição da facção gaúcha liderada por Júlio de Castilhos constituía uma exceção no quadro das oligarquias, ao pugnar por um modelo republicano orientado pelo positivismo. Agentes incontornáveis da política da época, os militares, especialmente os jovens oficiais, também bebiam na fonte do comtismo e confiavam num Executivo forte para neutralizar o poder das oligarquias. Mais do que porta-vozes das classes médias urbanas, conforme sugeriram vários autores, está claro que a atuação política dos militares visava à defesa da instituição a que pertenciam, o Exército. Concentrados na capital federal, os jacobinos, igualmente, tiveram uma participação importante na fase inicial da República. O grupo, formado majoritariamente por militares e elementos da classes médias urbanas, apresentava feições nacio-

2. Uma versão anterior deste capítulo foi publicada na revista portuguesa *Ler História*, v. 75, p. 65-87, 2019. A pesquisa que o originou se beneficiou de bolsa concedida pela FBN (Brasil).

nalistas e salvacionistas, tendo em Floriano Peixoto a sua figura referencial (Queiroz, 1986).

Mas, o que prevaleceu, durante toda a Primeira República, foi um ordenamento que deu solidez ao acordo oligárquico à custa de ignorar o princípio da soberania popular previsto na Constituição de 1891, pois o poder político emanava dos chefes estaduais. Escusando-se a alargar o contingente da população que gozava de direitos políticos, o arranjo das oligarquias restringiu a política institucional à concorrência entre os atores previamente credenciados para a ocupação dos postos de mando (Lessa, 1999). Cláudia Viscardi demonstrou que a relativa estabilidade do sistema político na Primeira República procedia não de uma aliança permanente entre as oligarquias paulista e mineira (como parte da historiografia havia propugnado), mas de uma interação mais complexa e abrangente entre as facções estaduais do país. A autora apontou que o segredo da conservação da ordem política no período residia na inexistência de uma aliança duradoura entre São Paulo e Minas Gerais. A ausência do exercício exclusivista do poder acalentava a expectativa dos grupos preteridos de virem a ocupar futuramente a coalizão que dirigia o Estado, ainda que isso não ocorresse com frequência. Assim, a manutenção da situação política ancorava-se num pacto oligárquico que reconhecia a desigualdade de poder entre os estados ao mesmo tempo que assegurava uma renovação parcial entre os atores. Todavia, as raízes da dissolução do regime encontravam-se na sua incapacidade de manter as bases da hierarquia entre os estados e de preservar a alternância entre seus participantes. Ou seja, as oligarquias excluídas da definição do candidato majoritário tendiam a contestar a escolha ou o resultado das eleições. A rejeição tomava a forma de lançamento de candidatura alternativa, denúncia de fraude pela imprensa, contestação judicial ou mesmo levante armado, como o que sepultou a Primeira República (Viscardi, 2012).

É certo que os interesses privados tiveram larga expressão na Primeira República. A captura de recursos e dos ramos locais e regionais do aparato público pelos vários segmentos oligárquicos dá prova disso. Mas, Elisa Reis, numa explicação contraintuitiva, evidencia que a afirmação do poder privado no período não implicou a suspensão do processo de *state building* no país. Mobilizando as categorias de capacidade despótica (autonomia do poder estatal) e capacidade infraestrutural (presença estatal na vida social), Reis sugere que a interação entre Estado e grupos sociais dominantes na Primeira República não foi comparável a um jogo de soma zero. A Constituição de 1891 reduziu o poder despótico do Estado, em benefício das oligarquias estaduais, pela descentralização e pelo cerceamento da atuação econômica do governo federal. Mas, ao mesmo tempo, o Estado incrementou sua capacidade infraestrutural, o que pode ser comprovado pelo aumento da sua capacidade coercitiva (devido à expansão do contingente das Forças Armadas) ou pela ampliação e diversificação da sua base de extração de recursos (pela criação de novas taxas e outras fontes de receitas) (Reis, 1991).

A crise dos anos 1920 no Brasil foi a da hegemonia da burguesia cafeeira, vigente desde fins do século XIX, e deve ser abordada em sua dupla dimensão: econômica e política. Luciano Martins resume bem o segundo aspecto: o sistema político entrou em xeque porque algumas elites regionais deixaram de aceitar a posição subordinada que ocupavam no condomínio oligárquico; e, igualmente, em virtude da incapacidade do sistema em incorporar os setores médios urbanos e atender as reivindicações da burocracia militar (Martins, 1982). Vale a pena detalhar cada um desses três fatores. A Reação Republicana, que lançou em 1921 a candidatura presidencial de Nilo Peçanha contra a chapa situacionista, evidenciou o aprofundamento da cisão intraoligárquica. Boris Fausto associa-a à disputa em torno dos recursos estatais, uma vez que o movimento agregou setores regionais contrários ao tratamento especial dado pelo governo central à cafeicultura (Fausto, 2006:306). Marieta Ferreira ampliou a compreensão da Reação Republicana apontando que ela tencionou abrir um eixo alternativo de poder aos estados de segunda grandeza (Ferreira, 1993). Em relação ao segundo fator, as classes médias experimentaram nos anos 1920 uma expansão de seu contingente, em razão da urbanização, do aumento do aparato estatal e do ensino médio e superior e do desenvolvimento da cafeicultura. Elas desempenharam um papel significativo na vida pública durante a Primeira República, tomando parte em episódios como a Revolta da Vacina, a Campanha Civilista e a campanha da Aliança Liberal. O sentido da ação política das classes médias era de protesto contra a vigência de uma ordem que considerava obstaculizar seu acesso às decisões sobre a condução do Estado (Pinheiro, 1997). Quanto ao terceiro fator, Maria Cecília Forjaz expôs mais agudamente a natureza do tenentismo, o movimento de contestação à ordem oligárquica protagonizado por baixos e médios oficiais do Exército. Afastando-se das explicações que mobilizam de modo exclusivo a origem de classe dos tenentes ou enfatizam demasiadamente o pertencimento institucional dos integrantes do movimento, Forjaz considera imprescindível ter em conta ambos os vínculos dos tenentes: o que os atava às classes médias, de onde provinham, e o que os ligava ao Exército (Forjaz, 1988:184-207).

O aspecto econômico da crise da década de 1920 relaciona-se diretamente às dificuldades enfrentadas pela cafeicultura, atingida pela concorrência e pelo protecionismo de outros países no pós-guerra. Apesar desse quadro, o volume de produção do café cresceu a uma média anual de quase 10% ao longo de praticamente toda a década, protegida pela política governamental de valorização do produto (Villela e Suzigan, 2001:158-159). Os custos financeiros da sustentação do preço do café reforçaram o descontentamento dos setores da burguesia que desenvolviam atividades destinadas ao mercado interno. Ademais, eles aprofundaram a tendência à elevação do custo de vida, problema que assolou especialmente o proletariado e os setores médios urbanos nos anos 1920, o que, evidentemente, aumentou a insatisfação desses grupos com o sistema político. Registro, desde já, que a Revolução de 1930 procurou dar conta dos dois aspectos da crise, incorporando politicamente grupos sociais anteriormente marginalizados e promovendo a diversificação da economia nacional.

Este capítulo objetiva abordar o primeiro aspecto, ao iluminar a articulação existente entre a construção da base social do regime varguista e a implantação de mecanismos de representação de interesses de natureza corporativista. Diante do desafio de primeira grandeza de dotar o novo regime de estabilidade e apoio político, seus organizadores recorreram a várias medidas, como a criação da Justiça Eleitoral, o fortalecimento do Exército, a ampliação do emprego público, o subsídio à indústria. E, igualmente, a introdução de instituições corporativistas. Aqui limito-me ao exame de duas delas: a representação política classista e o sindicalismo estatal. Como as outras, essas medidas tencionavam diminuir o poder político das oligarquias estaduais (que constituíam a principal ameaça à afirmação do regime de 1930) e atrair a adesão de grupos sociais preteridos pelo Estado na Primeira República, a saber, o empresariado industrial, as classes médias e o operariado urbano. A Assembleia Nacional Constituinte que funcionou entre 1933 e 1934 ocupa uma posição central no capítulo, pois a expectativa do governo era a de que ela referendasse, na consolidação institucional da nova ordem, as formas corporativas inauguradas desde 1931. Antes de me dedicar ao exame da representação classista e do sindicalismo corporativista (temas, respectivamente, da segunda e terceira seções), aprofundo a análise do binômio apoio social ao regime e corporativismo na primeira seção.

A construção da base social de apoio ao Estado no pós-1930

Francisco Weffort formulou, a partir de fins da década de 1960, um novo paradigma de inteligibilidade para a Revolução de 1930. Teoricamente orientado pela obra gramsciana, o sociólogo paulista sintetizou sua interpretação na categoria Estado de Compromisso. Weffort anota que o movimento político-militar de 1930 instaurou um regime que precisava articular suas bases sociais numa situação em que a burguesia cafeeira não mais detinha a hegemonia e, concomitantemente, nenhum outro grupo social lograva exercê-la. Assim, o Estado tornou-se expressão de uma aliança policlassista formada por frações das classes dominantes, das classes médias e do operariado. A relação entre tais setores, no interior da coalizão, era evidentemente assimétrica, mas o Estado procurava atender reivindicações substanciais de todos os elementos componentes da aliança. A existência de um compromisso não evitava o surgimento de tensões e choques entre os grupos sociais, que avolumaram a instabilidade dos anos iniciais do governo Vargas. De todo modo, o Estado, a partir de 1930, impôs-se como relativamente autônomo em relação às classes sociais (Weffort, 1978). Dando continuidade à linhagem interpretativa inaugurada por Weffort, Boris Fausto detalhou os termos do compromisso assumido entre os diferentes grupos sociais após a derrocada política da burguesia cafeeira, que, por sua importância econômica, não deixou de ter seus interesses respaldados pelo novo regime (Fausto, 1989:109-110).

Luiz Werneck Vianna, influenciado por Gramsci, mas, igualmente, pela proposição leninista em torno da "via prussiana", entende o movimento de 1930 como uma "revolução pelo alto". A explicação de Werneck Vianna diferencia-se da oferecida por Weffort e Fausto pela ênfase dada à inserção da Revolução de 1930 no processo de consolidação da ordem burguesa no Brasil, mas ambas não guardam qualquer desacordo de fundo entre si. Assim, parece-me que a articulação entre as duas correntes de análise oferece a interpretação mais pertinente do movimento que extinguiu a Primeira República. Segundo Werneck Vianna, a revolução, conduzida por uma aliança entre uma fração da burguesia agrária não exportadora e setores urbanos emergentes, introduziu no país um Estado de "caráter universalizador", categoria intercambiável pelo "Estado de Compromisso" de Weffort. A necessidade de contemplar os interesses das diferentes frações dominantes, assim como das classes médias e do operariado, advém do caráter heterogêneo da coalizão vencedora, da relevância econômica da cafeicultura e da intenção de garantir estabilidade ao novo regime (Vianna, 1976:111-141).

Deste modo, a economia agrária permaneceu amparada pelo Estado, o que é provado pela política cafeeira da década de 1930. Igualmente, o novo governo manteve incólume a estrutura de propriedade da terra, impossibilitando a modernização democrática do capitalismo no campo, que, em outros países, realizou-se por uma aliança entre setores urbanos e o campesinato. Assim, a legislação social não foi estendida aos trabalhadores rurais e o domínio do latifúndio sobre as populações locais foi preservado. Ao mesmo tempo, o setor agroexportador perdeu o quase exclusivismo da atenção do Estado, que passou a dar conta, também, da produção voltada ao mercado interno. Ademais, em decorrência da iniciativa governamental para ampliar o mercado interno, estimulada pela situação econômica mundial, o latifúndio foi obrigado a se modernizar, embora, como sublinha Werneck Vianna, já estivesse enquadrado na economia capitalista. Na mesma *démarche*, o Estado incentivou a industrialização. Em síntese, o movimento de 1930, para o sociólogo carioca, promoveu o "desenvolvimento das atividades do conjunto das classes dominantes, em moldes especificamente burgueses" (Vianna, 1976:135), cedendo apenas às reivindicações incontornáveis dos grupos subalternos, numa fórmula de modernização conservadora do capitalismo brasileiro.

Noutras palavras, o novo Estado contemplava interesses fundamentais das burguesias agrárias exportadora e não exportadora, do empresariado industrial, das classes médias urbanas (o que inclui a expansão do emprego público) e dos trabalhadores urbanos. Essa postura universalista ajudava a sustentar a ideologia oficial de inspiração corporativista de um Estado neutro em relação às classes sociais (Vianna, 1976:111-141).

A construção da base de apoio ao novo Estado incluía a participação política controlada dos grupos sociais e, tão importante quanto isso, a neutralização das forças de oposição. Por um lado, o governo preocupava-se com o movimento operário autônomo. Ao longo da Primeira República, os trabalhadores urbanos haviam criado suas entidades e organizado greves e outras formas de protesto, atemorizando as classes dominantes. Desde sua campanha presidencial como candidato da Aliança Liberal, em 1929/30, Getúlio Vargas recusara a política repressiva que tinha sido a tônica da atitude governamental no que dizia respeito às reivindicações operárias, deslocando a questão para a esfera do direito social (sem, contudo, abrir mão da pretensão de exercer controle sobre a organização operária) (Weffort, 1978:65-68). Por outro lado, as interventorias nos estados constituíram uma tentativa de impor a autoridade do governo central às oligarquias. Ainda assim, o regime estava convencido de que não deveria alienar os setores dominantes estaduais das decisões atinentes a seus interesses diretos. Desse modo, criou, no âmbito do aparato estatal, organismos destinados a amparar atividades econômicas vinculadas às oligarquias. Entre 1931 e 1933, foram criados o Conselho Nacional do Café, o Instituto do Cacau da Bahia, o Departamento Nacional do Café e o Instituto do Açúcar e do Álcool.[3]

---

3. Rowland (1974:17); Costa (1999:57-58); Draibe (2004:79-80).

O exame da política cafeeira do regime de 1930, nos termos em que foi desenvolvido por Sônia Draibe, exemplifica o movimento simultâneo de afirmação do protagonismo estatal na esfera econômica e de amparo aos interesses dos diferentes setores da burguesia. O Estado acolheu os interesses da cafeicultura como interesses nacionais. Entretanto, o aprofundamento da estatização das ações relacionadas com o café diminuiu o peso dos grupos privados sobre elas, ao mesmo tempo que aumentou a importância da burocracia estatal na sua definição (Draibe, 2004:260).

O formato corporativo de representação de interesses contribuiu para garantir a autonomia estatal necessária para a legitimação e a estabilidade do regime. É importante registrar que o novo Estado reconfigurou suas relações com a sociedade, inaugurando novas modalidades de participação das classes sociais na política e alterando o peso das mesmas nas decisões estatais (tornando-se mais permeável às demandas do proletariado e das classes médias urbanas que o Estado oligárquico do pré-1930). Ademais, em razão de sua disposição para diversificar a base da economia brasileira e incentivar a industrialização, o Estado alterou a correlação de forças entre as frações da classe dominante, em benefício do empresariado industrial. E o fez acionando sobretudo os mecanismos corporativos. Pode-se afirmar, portanto, que, do ponto de vista econômico, a realização fundamental do corporativismo no país foi a introdução do capitalismo industrial (Vianna, 1976:119).

Observe-se que a distinção entre a função política do corporativismo (agregação de apoio social ao regime e neutralização de oposições) e sua função econômica (viabilização do capitalismo industrial) é meramente uma operação analítica. Na realidade histórica das décadas de 1930 e 1940 não houve tal disjuntiva. A recomposição da base social do Estado imbricou-se à realização do capitalismo industrial, com a qual o novo Estado esteve comprometido.

A proposta de representação classista

Dois meses depois de empossado na presidência, Vargas, em banquete oferecido pelas Forças Armadas, discorreu sobre o programa da revolução que liderara. Incluiu no discurso a representação classista:

> O programa da revolução [...] modifica o regime representativo, com a aplicação de leis eleitorais, previdentes, extirpando as oligarquias políticas e estabelecendo ainda a representação por classes, em vez do velho sistema da representação individual, tão falho como expressão da vontade popular [...] [Vargas, 1935:25-26].

Com efeito, o Código Eleitoral decretado pelo Governo Provisório cerca de um ano após o discurso de Vargas, ainda que não tenha abolido a representação individual, estabeleceu a representação classista no país. O artigo 142 do Decreto nº 21.076, de 1932, previu que a Assembleia Constituinte a ser convocada seria formada por representantes eleitos nos moldes tradicionais, mas, igualmente, por representantes das "associações profissionais". Apenas em 1933, depois da derrota do levante paulista, o governo, pelo Decreto nº 22.621, convocou a Constituinte e definiu sua composição. Foram reservadas 214 cadeiras para os deputados eleitos pelo voto individual (observando-se as cotas por unidades da Federação: os estados mais o Distrito Federal e o território do Acre) e 40 cadeiras para os representantes classistas. Duas semanas depois, a composição e a eleição da representação classista para a Constituinte foram detalhadas pelo Decreto nº 22.653. As 40 vagas da representação classista foram assim distribuídas: 18 para os empregados, 17 aos empregadores, três aos profissionais liberais e duas para os funcionários públicos. Ademais, a condução da eleição dos representantes classistas foi atribuída ao Ministério do Trabalho, Indústria e Comércio (e não à Justiça Eleitoral). Ainda segundo o decreto, na escolha dos representantes classistas teriam direito a voto somente os sindicatos reconhecidos pelo Ministério do Trabalho e "as associações de profissões liberais e de funcionários públicos que estiverem legalmente organizadas". Essa disposição foi apontada por contemporâneos como um mecanismo que viabilizou a interferência do governo na formação da bancada classista (Cepêda, 2010:210).

Paralelamente à reconfiguração institucional colocada em marcha pelo novo regime, informada essa de modo significativo pelo corporativismo, desenvolveu-se um intenso debate sobre as formas de participação política e de representação de interesses. Esse debate tinha na representação classista um de seus tópicos centrais. E, nos primeiros anos da década de 1930, o tenentismo constituiu-se num dos principais suportes da proposta de representação classista. Entidade de agrupamento dos tenentes, o Clube 3 de Outubro realizou uma convenção nacional em novembro de 1932, na qual definiu a linha de ação a ser adotada naquela conjuntura de reconstitucionalização do país. Entre as medidas aprovadas na ocasião, constava o "estabelecimento da representação proporcional, ao lado da representação política, igualitária no seio da assembleia constituinte" (Carone, 1973:261).

Na verdade, a defesa da representação classista pelos tenentes era anterior à realização da convenção do Clube 3 de Outubro e sua introdução no Código Eleitoral é creditada por Augusto do Amaral Peixoto à pressão tenentista (Gomes, 1996:17). Em depoimento concedido em 1975, Amaral Peixoto, que foi dirigente do Clube 3 de Outubro, relatou uma reunião de representantes do Clube com o chefe do Governo Provisório, ocorrida em 1932:

> E quando nós fomos a ele [Vargas], então, pedir que incluísse a representação profissional na Assembleia Constituinte, ele concordou e nos entregou o decreto elaborado pelo Maurício Cardoso. Nós levamos

> esse decreto e fizemos as modificações, acrescentando a convocação dos empregadores, dos empregados, das profissões liberais e dos funcionários públicos — quatro classes. Levamos a ele, que concordou e imediatamente assinou, dando motivo a que Maurício Cardoso, no dia seguinte, abrisse uma crise pedindo demissão porque ele não concordava com a representação profissional.[4]

Como assinala Cláudia Viscardi, a proposição da representação classista pelos tenentes enquadrava-se na sua estratégia de minar a força política das oligarquias, amparada essa no poder local, no regionalismo desigual e no regime descentralizado (Viscardi, 2016:217).

Além dos tenentes, o outro núcleo do regime que pelejava pela representação classista era constituído por Vargas e seu círculo político íntimo. O chefe do Governo Provisório, ciente de que as bases sociais dos grupos regionais continuavam intactas, temia que as eleições levassem à restauração política das oligarquias (Cepêda, 2010:209-210). De fato, as eleições de 1933 confirmaram os temores de Vargas. Assim, por exemplo, a oligarquia paulista, derrotada militarmente no ano anterior, deu uma cabal demonstração de força eleitoral. A Chapa Única por São Paulo, legenda que congregou a classe dominante do estado, logrou eleger três quartos dos representantes paulistas na Constituinte.

Na biografia que escreveu sobre o pai, Afonso Arinos apontou o cálculo político de Vargas na defesa da representação classista. Segundo o autor, Afrânio de Melo Franco, que presidiu a Subcomissão do Itamarati, fazia parte da corrente majoritária que recusou a representação classista na elaboração do anteprojeto constitucional. Mas, ainda segundo Afonso Arinos, o dispositivo era considerado por Vargas imprescindível para seus interesses políticos:

---

4. CPDOC-FGV, Entrevista concedida por Augusto do Amaral Peixoto em 1975, p. 105.

> Naquele tempo, os partidos nacionais ainda não existiam. As bancadas seriam, portanto, estaduais. Por mais que dividisse os grandes Estados — principalmente Minas e S. Paulo — Getúlio receava sempre a reunião interna deles, contra seu poder. Só havia um meio de neutralizar a ação das grandes bancadas estaduais. Era a formação de um grupo classista, praticamente nomeado pelo presidente, e mais numeroso do que qualquer bancada estadual [Franco, 1955: 1.419-1.420].

O general Góes Monteiro, figura central do regime e também integrante da Subcomissão Itamarati, em entrevista concedida em meados da década de 1950, fez um relato convergente com a avaliação de Melo Franco da posição de Vargas:

> Havia uma representação chamada "classista", eleita pelos sindicatos de classe. Era, assim, uma Câmara híbrida de representação política e de representação sindicalista. Quando se discutira o anteprojeto de Constituição no Palácio do Itamarati, opusera-me a essa inovação, aduzindo argumentos muito ponderáveis. Entretanto, tive que encerrar minha oposição, porque o Sr. Antunes Maciel, então Ministro da Justiça, e que, como detentor da pasta política, era o presidente nato daquela Comissão, embora não a dirigisse, pediu-me, em nome do Presidente Getúlio, que me abstivesse de votar contra a criação da Câmara classista, única maneira que havia de contrabalançar as duas mais poderosas representações políticas — Estados de São Paulo e Minas Gerais. Tive que render-me [Coutinho, 1955:246].

Numa carta que escreveu a Flores da Cunha, datada de outubro de 1934, Vargas explicita o manejo da representação classista como instrumento de amparo ao regime. De modo direto, ele orienta o interventor gaúcho a respeito da escolha da representação classista para a Constituinte do estado:

> Chamo a tua atenção sobre a necessidade de organizar a representação de classe, com elementos capazes de cooperar com o Governo. Todos os outros Estados estão interessando-se, desde já, no assunto e procuram articular, em bases seguras, a referida representação. É preciso que o Rio Grande não fique isolado.

Em seguida, indicando a possibilidade de manipulação na eleição dos deputados classistas, o presidente acrescenta: "Recomendo-te, também, o nosso amigo Dr. Ricardo Machado, incumbido pelo Ministério do Trabalho de tratar da organização de sindicatos e da escolha de delegados".[5]

Em fins de 1932, o governo nomeou uma comissão para preparar um anteprojeto constitucional. A "Subcomissão do Itamarati", como ficou conhecida, era integrada tanto por elementos vinculados a oligarquias regionais e identificados com o liberalismo quanto por personagens ligados ao tenentismo ou a outras posições de inspiração corporativista. Alvo de divergências no interior da comissão, a representação classista não foi incorporada ao anteprojeto constitucional (Gomes, 1996:22).

Instalada em novembro de 1933, a Assembleia Nacional Constituinte formou uma comissão de deputados constituintes, a "Comissão dos 26", para examinar a proposta encaminhada pela Subcomissão do Itamarati e as emendas a ela apresentadas. A Comissão dos 26 consagrou a representação classista, que seria exercida no âmbito da "Câmara de Representantes", a funcionar ao lado da "Câmara dos Estados", ambos os órgãos que comporiam o legislativo bicameral planejado pela Comissão dos 26 (Gomes, 1996:71).

Houve, entre os deputados constituintes, uma ampla maioria partidária de alguma modalidade de representação classista. Todavia,

5. CPDOC-FGV, Arquivo Getúlio Vargas, GV c 1934.10.02/1.

no interior dessa corrente majoritária, observava-se uma clivagem significativa entre aqueles que pretendiam atribuir capacidade deliberativa aos representantes classistas e os que defendiam apenas uma função consultiva. Essa segunda posição já havia sido sustentada por Oliveira Vianna no livro *Problemas de política objetiva*, editado em 1930. Na Assembleia Constituinte, seu principal defensor foi o grupo vinculado ao Centro das Indústrias do Estado de São Paulo (Ciesp) e à Federação das Indústrias do Estado de São Paulo (Fiesp) (Barreto, 2004:122-125). Assim, em 15 de dezembro de 1933, o grupo apresentou uma proposta que mantinha a Câmara dos Deputados e o Senado exclusivamente integrados por parlamentares eleitos pelo voto individual, mas criava quatro órgãos consultivos: o Conselho Nacional de Economia, o Conselho Nacional de Educação e Saúde, o Conselho Nacional de Defesa e o Conselho Nacional do Trabalho. Os conselhos, que teriam na sua composição patrões, empregados e funcionários públicos, teriam a atribuição de examinar projetos de lei atinentes à sua esfera de atuação e estariam autorizados a propor leis ao Congresso Nacional. Os autores da proposta à Constituinte intentaram legitimá-la invocando experiências homólogas na França e na Alemanha. E justificaram a criação dos conselhos como uma concessão que faziam, sem abdicar da sua fé na democracia liberal, a fim de garantir a estabilidade social:

> Reconhecemos a importância decisiva do elemento econômico na estrutura orgânica do país e sua influência de fator preponderante no dinamismo social. Sem o trabalho entrelaçado, conexo, do poder legislativo com a vontade das expressões econômicas, sabemos que a ordem social será sempre instável e precária e, por fim, periclitará. Isso, entretanto, não nos leva a esquecer e a desrespeitar os princípios básicos da democracia liberal que não permitem dar a investidura do direito de legislar senão aos eleitos pelo sufrágio popular e nunca a profissões e classes (Anais..., 1935: v. IV, p. 457).

De outra parte, a atribuição de função legislativa à representação classista foi sustentada na Assembleia Nacional Constituinte por figuras centrais do Governo Provisório e pelos tenentes. Assim, em dezembro de 1933, um grupo de deputados apresentou uma proposta pela qual um terço da "Assembleia Nacional" (que seria a única casa legislativa nacional) seria formado por deputados escolhidos pelas associações de empregados, de empregadores, de funcionários públicos e de profissionais liberais. Os proponentes mencionaram a "falência do sistema representativo" no Brasil (Anais..., 1935: v. III, p. 344) e apresentaram sua proposta como solução para os efeitos deletérios do poder local e do clientelismo, descritos nestes termos: "A quase totalidade da massa votante gravita em torno do cabo eleitoral, seja este de grande estilo ou de pequena envergadura. Assim o é nos centros mais cultos, nas capitais e nas grandes cidades e assim se verifica nas vilas, aldeias e nas zonas rurais" (Anais..., 1935: v. III, p. 344-345).

Ao final, a Constituinte, promulgada em 16 de julho de 1934, preservou o regime bicameral no país e estabeleceu que um quinto da Câmara dos Deputados seria constituído por representantes classistas. O restante dos deputados federais seria eleito pelo voto individual e direto. Os deputados classistas seriam escolhidos pelas associações profissionais e representariam patrões, empregados, profissionais liberais e funcionários públicos.[6]

O sindicalismo estatal

Werneck Vianna acentua o efeito desmobilizador do enquadramento corporativo do trabalhador urbano, desarticulador do sindicalismo combativo e independente legado pela Primeira República. Segundo o autor, os trabalhadores resistiram à sua incorporação à estrutura

6. Artigos 22 e 23 da Constituição da República dos Estados Unidos do Brasil, de 16 jul. 1934.

corporativa nos primeiros anos do novo regime, o que ficaria comprovado pelo número moderado de sindicatos oficiais de empregados criados nesses anos (Vianna, 1976:142). É certo que tenha havido essa resistência inicial, porém, na metade da década de 1930, os sindicatos oficiais estavam organizados na maioria dos estados brasileiros, assim como nos grandes centros urbanos do país, tendo substituído os sindicatos e outras entidades do proletariado urbano que haviam sido organizados antes de 1930 (Araújo, 2002:45-53). Um contingente significativo dos trabalhadores aderiu ao sindicalismo corporativo avaliando que ele carregava perspectivas de alargamento de seus direitos sociais, de participação política e, mesmo, de organização. Assim, a partir de 1933, as correntes esquerdistas do movimento operário resolveram participar do aparato sindical oficial (Gomes, 1988:81). John French realça a dimensão voluntária da adesão dos trabalhadores à estrutura corporativa no seu período inicial. O autor lança mão de um argumento próximo ao de Angela Araújo, afirmando que os trabalhadores vislumbraram a possibilidade de fortalecer sua capacidade de reivindicação junto ao patronato se o fizessem por meio do sindicalismo oficial (French, 1995:49).

Entretanto, mesmo os autores que recusam a tese de que a participação operária na estrutura corporativa tenha acarretado imediata subordinação do movimento operário ao Estado, concordam que ela representou um progressivo disciplinamento da ação coletiva dos trabalhadores até se transfigurar em duro controle a partir de 1935.[7] Angela Gomes sublinha a natureza coercitiva da política trabalhista do governo Vargas, ao mesmo tempo que reconhece que ela carregava a ambição de atrair politicamente o operariado: "[a partir de 1930,] ao poder público não interessa mais apenas a desmobilização do movimento operário, mas igualmente a sua mobilização como uma nova base de apoio social ao regime" (Gomes, 1979:239).

7. Gomes (1988:191-192); French (1995:64); Araújo (2002:33-51).

De sua parte, os patrões também foram relutantes ao seu enquadramento na ordem corporativa, dispostos a manter sua autonomia e suas entidades de classe existentes. A burguesia cafeicultora mostrou-se particularmente resistente, insatisfeita com a perda de controle sobre a política estatal para o setor da economia a que se dedicava. Já o empresariado industrial, a partir de meados da década de 1930, apoiou a estrutura corporativa, percebendo que ela lhe proporcionava um inédito canal de acesso ao Estado.[8] Evidentemente que o empresariado dispunha de maiores recursos políticos para evitar sua sujeição ao Estado em comparação com seus empregados. Vanda Costa aponta que o governo dependeu da concordância dos industriais paulistas para implementar de fato a legislação trabalhista nas fábricas do estado (Costa, 1999:188). Em razão de sua força política, os patrões lograram garantir para si uma organização sindical distinta daquela imposta aos trabalhadores e manter uma relação horizontal com o Estado.[9] Ademais, enquanto o sindicalismo oficial se tornou rapidamente a única via de representação de demandas reconhecidas pelo Estado ao operariado, ao patronato foi permitida uma duplicidade de representação de seus interesses, defendidos tanto pelos seus organismos inscritos na ordem corporativa quanto por aqueles de natureza pluralista (Diniz e Boschi, 1991:16).

As classes médias, igualmente, foram incluídas no sindicalismo corporativo. Elas, igualmente, organizaram sindicatos, como os de advogados, engenheiros, jornalistas e bancários. Nos dados estatísticos oficiais, a evolução da sindicalização das classes médias é mais seguramente mensurável pelo acompanhamento do reconhecimento de sindicatos de profissionais liberais, já que as categorias empregados e empregadores abrangiam destacadamente outros grupos sociais. Em 1931, o governo federal reconheceu apenas dois sindica-

8. Boschi (1979:71-72); Gomes (1979:237-252); Diniz (1996:105).
9. Diniz e Boschi (1991:19); Costa (1999:29-30); Leopoldi (2010:408-409).

tos de profissionais liberais. No ano seguinte, o número foi o mesmo. Houve um crescimento em 1933, com o reconhecimento de 11 sindicatos. A expansão foi mais significativa em 1934, quando o governo concedeu registro a 25 sindicatos de profissionais liberais (Anuário..., 1936: v. 2, p. 315). Na primeira metade da década de 1930, as classes médias já obtiveram do Estado um organismo corporativo *sui generis* em relação aos outros grupos sociais. Aos conselhos profissionais foram atribuídas a regulamentação profissional e a representação de suas categorias profissionais. Ainda em novembro de 1930, pelo Decreto nº 19.408, foi criada a OAB. Em 1933, pelo Decreto nº 23.569, foi organizado o Conselho Federal de Engenharia e Arquitetura. Tais organismos desempenhariam funções próximas às dos sindicatos (Vannucchi, 2016b).

Depois de pouco mais de quatro meses da vitória do movimento político-militar que instalou Vargas na presidência da República, o regime publicou sua primeira lei de sindicalização, pelo Decreto nº 19.770, de 1931. Ao enviar ao chefe do Governo Provisório o projeto que resultaria nesse decreto, o ministro do Trabalho fez sua exposição de motivos. Lindolfo Collor explicitou a intenção de criar canais de expressão ao capital e ao trabalho controlados pelo governo:

> Incorporar o sindicalismo no Estado e nas leis da República, esse deve ser e está sendo [...] uma das tarefas mais altas [...] da Revolução Brasileira. [...] Com a criação dos sindicatos profissionais, moldados em regras uniformes e precisas, dá-se às aspirações dos trabalhadores e às necessidades dos patrões expressão legal, normal e autorizada.[10]

A partir de então, os sindicatos foram considerados "órgãos de colaboração com o Poder Público"[11] e colocados sob controle do

10. CPDOC-FGV, Arquivo Lindolfo Collor, LC c 1931.03.06, p. 6 e 8.
11. Artigo 6º do Decreto nº 19.770, de 19 mar. 1931.

Executivo. Assim, para que fossem reconhecidos pelo governo, os sindicatos deveriam ter

> aprovados pelo Ministério os seus estatutos, acompanhados de cópia autêntica da ata de instalação e de uma relação do número de sócios com os respectivos nomes, profissão, idade, estado civil, nacionalidade, residência e lugares ou empresas onde exercerem a sua atividade profissional.[12]

Esse dispositivo de controle era complementado por outro, de caráter permanente, que consistia na vigilância das atividades e das finanças dos sindicatos:

> Art. 15. Terá o Ministério do Trabalho, Indústria e Comércio, junto aos sindicatos, às federações e confederações, delegados com a faculdade de assistirem às assembleias gerais e a obrigação de, trimestralmente, examinarem a situação financeira dessas organizações, comunicando ao Ministério, para os devidos fins, quaisquer irregularidades ou infrações do presente decreto.[13]

Com efeito, o governo arrogava para si a prerrogativa de definir a natureza dos sindicatos e os termos de sua organização e funcionamento. Agora o governo determinava as condições para que os sindicatos usufruíssem o direito de atuar, exigência inexistente na legislação vigente na Primeira República. Conforme nota Vanda Costa, com a lei de sindicalização de 1931, "a ação coletiva é transformada em um direito outorgado pelo Estado. Em troca, teriam o reconhecimento do direito de participação nas decisões relativas aos seus interesses" (Costa, 1991:121-122). Finalmente, o decreto introduzia a unicidade sindical, ao estabelecer que, caso houvesse mais de

---

12. Artigo 2º do Decreto nº 19.770, de 19 mar. 1931.
13. Decreto nº 19.770, de 19 mar. 1931.

um sindicato numa determinada categoria profissional, o Estado reconheceria o que contasse com o maior número de filiados.[14] O efeito pretendido pela medida foi apontado por Vanda Costa: "O sindicato único foi a fórmula utilizada para integrar, controlando, a ação associativa privada à estrutura do Estado. A rejeição às normas estabelecidas pelo decreto importava na exclusão do sistema e na invisibilidade da representação [...]." (Costa, 1991:122).

Observando-se diacronicamente a implementação do sindicalismo corporativo, é perceptível que o regime enfrentou, especialmente entre 1931 e 1932, resistências que tiveram de ser contornadas por ações concertadas pelo ministério do Trabalho. Por exemplo, em meados de 1931, Lindolfo Collor enviou Joaquim Pimenta para incentivar a sindicalização operária no Nordeste brasileiro. Em entrevista concedida ao *Diário de Pernambuco*, Pimenta, um dos principais responsáveis pela elaboração da legislação trabalhista na década de 1930 e professor da tradicional Faculdade de Direito do Recife, explicou que pretendia explicar os termos da recente lei de sindicalização ao operariado e as vantagens que ela trazia. No dia da publicação da entrevista, 19 de julho, ele faria uma palestra organizada pelo Sindicato Ferroviário da Companhia Great Western, em Joboatão dos Guararapes, próximo a Recife. Dias antes, havia feito uma palestra na sede da Associação dos Estivadores, em Salvador. Pimenta ainda declarou à imprensa que daria expediente na sede da União Geral da Construção Civil a fim de orientar acerca da organização sindical oficial. O representante do ministro do Trabalho reconheceu as dificuldades enfrentadas na sua empreitada:

> Pretende o professor Joaquim Pimenta rebater a campanha e descrédito que certos elementos vêm fazendo no seio do operariado contra o Minis-

14. Artigo 9º do Decreto nº 19.770, de 19 mar. 1931.

tério do Trabalho, a serviço do qual veio até o norte, demonstrando que a lei nada tem de compressora para o operariado, ao contrário, cerca-o de plenas garantias no seu direito de associação [...] [*Jornal do Recife*, 1931:1].

De volta ao Rio de Janeiro, Joaquim Pimenta continuou na sua missão. Em setembro de 1931, participou de uma reunião na sede da União Marítima Brasileira para tratar da sindicalização dos trabalhadores marítimos. Também se dedicou à defesa da lei de sindicalização no meio jurídico (onde a lei era, igualmente, contestada), como fez no Instituto dos Advogados Brasileiros, ao proferir, ainda em setembro, a conferência Sindicalismo e sindicatos. Pouco depois da partida do representante de Lindolfo Collor para a região Nordeste, o diretor do Departamento Nacional do Trabalho reconhecia, em documento interno, a marcha ainda lenta da sindicalização oficial. Em relatório datado de 24 de agosto de 1931, Afonso Bandeiro de Melo prestava contas ao ministro do Trabalho das atividades desenvolvidas pelo departamento que chefiava:

> A lei nº 19.770, de 19 de março de 1931 [...] apesar de sua recente promulgação e de não ter sido suficientemente divulgada no país, tem despertado vivo interesse e já vários sindicatos na capital da República e nos Estados têm requerido ao Ministro do Trabalho o respectivo reconhecimento.
>
> Infelizmente muitas dessas associações não puderam ainda lograr o reconhecimento requerido, por não se acharem organizadas de acordo com o decreto que regula a matéria.
>
> [...] Solicitaram ainda o respectivo reconhecimento 19 associações, cujos pedidos ou foram indeferidos, ou aguardam a juntada de documentos, ou, por terem entrado recentemente, dependem de informação para poderem ser resolvidos. [...].[15]

15. CPDOC-FGV, Arquivo Lindolfo Collor, LC c 1931.08.24, p. 8-9.

A conclusão da seção do relatório sobre o movimento sindical é a seguinte: "O Decreto que regula o assunto tem, de certo modo, dificultado a sindicalização de muitas associações, que praticamente não podem satisfazer as exigências legais". Todavia, os esforços do governo começaram a dar resultados, particularmente a partir de 1933, com a adesão de patrões, trabalhadores e, menos significativamente, de profissionais liberais ao sindicalismo estatal (Anuário..., 1936: v. 2, p. 315).

No âmbito da Assembleia Constituinte, a organização sindical foi alvo de importante disputa. A primeira clivagem tinha como eixo a autonomia sindical. Os deputados alinhados à posição do regime eram favoráveis ao controle dos sindicatos pelo Estado, ao passo que os católicos, os liberais e uma parte da bancada operária defendiam a liberdade sindical. A segunda divergência girava em torno da opção entre pluralidade ou unicidade sindical. O anteprojeto elaborado pela Subcomissão Itamarati estabeleceu o seguinte no que dizia respeito à organização sindical:

> Artigo 123. É garantida a cada indivíduo e a todas as profissões a liberdade de união, para a defesa das condições do trabalho e da vida econômica.
>
> § 1º As organizações patronais e operárias, bem como as convenções que celebrarem, serão reconhecidas nos termos da lei [Poletti, 2012: 87].

Ao se remeter ao decreto de 1931 ("nos termos da lei"), o anteprojeto constitucional endossava o *status quo*, preservando a unicidade sindical e o controle estatal sobre os sindicatos. Iniciando-se propriamente os trabalhos constituintes, a Comissão dos 26 alterou o modelo sindical preconizado pela Subcomissão Itamarati, acolhendo *ipsis litteris* a proposta do Congresso Sindical Brasileiro de 1933 encaminhada por um grupo de constituintes (Anais..., 1935: v. IV, p. 534). Assim, no projeto elaborado por aquela comissão foi inserido o seguinte artigo: "A lei de organização sindical assegurará a completa autonomia dos sindicatos, relativamente a partidos e governos, e garantirá a unidade sindical e liberdade política de seus associados" (Anais..., 1936: v. X, p. 606).

No plenário da Constituinte, o deputado Luís Sucupira, porta-voz dos interesses católicos, dissentindo da unicidade prevista na proposta da Comissão dos 26, apresentou a seguinte emenda substitutiva: "A lei federal permitirá a pluralidade de sindicatos de cada profissão, assegurando-lhes autonomia em relação aos governos e partidos, bem como a liberdade política dos seus associados" (Anais..., 1936: v. XIII, p. 69). O controle governamental somado à unicidade sindical ameaçavam a presença dos católicos no meio operário. Daí que a bancada católica na Assembleia Constituinte tenha pelejado pela pluralidade, a fim de conservar sua base sindical, como reconheceu explicitamente Sucupira, ao defender sua emenda:

> Devo dizer também que a unidade sindical obrigava o comunista, por exemplo, a fazer parte do sindicato dos católicos. Devemos olhar para os casos em si, para as realidades naturais. Sabemos que há diversidade de pensamento no seio do operariado. Os trabalhadores não pensam do mesmo modo quanto aos meios de alcançar suas reivindicações: o anarquista entende que as pode conseguir pela bomba de dinamite, pelo atentado pessoal; o comunista, por meio de política de classe mais adiantada; o socialista já acha que pode colaborar com o governo; o sindicalista julga que pode arranjar uma combinação de comunistas, socialistas e anarquistas.
> [...] Digamos que o governo reconheça o único sindicato de uma profissão em que há mais vários deles. Ora, sabemos que o sindicalismo católico está espalhado em todo o mundo [Anais..., 1936: v. XIII, p. 70].

Contrapondo-se à emenda substitutiva de Luís Sucupira, o deputado João Vítaca explicitou o espírito de oposição aos termos da lei de sindicalização de 1931 que animou a elaboração da proposta do Congresso Sindical Brasileiro de 1933:

> Essa resolução foi tomada em consequência da reação que se manifestou e ainda se manifesta entre os trabalhadores em consequência da lei que regula a sindicalização no que concerne à vida interna dos sindicatos. A obrigação em que ficam eles de colocar seu patrimônio financeiro em determinado banco que, no caso, é o banco oficial; a obrigação ainda do envio de relatórios periódicos ao Ministério do Trabalho; a faculdade deste intervir na vida interna dos sindicatos quando bem entender e lhe aprouver, e, sobretudo, a fiscalização permanente e até acintosa da própria polícia [...] [Anais..., 1937: v. XXII, p. 92-93].

Ao propugnar a manutenção da proposta encaminhada pela Comissão dos 26, Vítaca, que era representante classista dos empregados na Assembleia, argumentou que a unidade sindical correspondia aos interesses dos trabalhadores, na medida em que fortalecia a sua organização:

> Por outro lado, não podemos admitir a pluralidade sindical senão como simples propósito de dividir os trabalhadores para que o patronato possa mais livremente explorá-los e oprimi-los. A unidade sindical é necessária não só para a defesa dos interesses econômicos dos trabalhadores de uma determinada profissão ou ramo de indústria, mas ainda para o exercício dos direitos políticos de representação profissional que acabam de ser assegurados pela Assembleia Nacional Constituinte. Mas, precisamos atentar bem neste particular; a unidade sindical sem a autonomia dos sindicatos outra coisa não significa do que transformá-los, no caso da representação profissional, principalmente, não só em simples instrumentos eleitorais do governo, mas, o que é pior, caminhar para o corporativismo fascista [Anais..., 1937: v. XXII, p. 93].

Os liberais, coerentes com suas convicções ideológicas e instados pelo seu compromisso com as oligarquias regionais, recusavam tanto o controle estatal quanto a unicidade sindical. Assombravam-se com a hipertrofia do poder central, mas também com o avanço da ação operária (Vianna, 1976:190-193). Ranulfo Pinheiro Lima, um desses liberais presentes à Constituinte, rejeitou a unicidade sindical proposta pela Comissão dos 26, afirmando que ela atenderia apenas aos propósitos dos fascistas e dos comunistas, que pretenderiam estabelecer, com auxílio desse dispositivo, um domínio integral sobre os sindicatos (Anais..., 1937: v. XXII, p. 87-90). Afinal, a aliança entre católicos e liberais logrou impor a derrota do governo na questão sindical ao aprovar na Assembleia a emenda de Pinheiro Lima. Assim, a Constituição Federal de 1934 assegurou, no seu artigo 120, "a pluralidade sindical e a completa autonomia dos sindicatos". Evaristo de Morais Filho inventariou as reações de juristas alinhados ao regime contra o pluralismo sindical estabelecido pela Constituinte. Autores como Joaquim Pimenta e Oliveira Vianna manifestaram receio de que a medida incentivasse o facciosismo no interior das categorias profissionais (Morais Filho, 1952:229-230).

De todo modo, o governo contornou a decisão da Constituinte ao baixar, poucos dias antes da promulgação da Constituição, um decreto que confirmava o regime tutelar da organização sindical. O Decreto nº 24.694, de 1934, conservou a exigência de que os sindicatos pedissem ao Ministério do Trabalho autorização para funcionarem[16] e dispositivos que permitiam o controle estatal sobre suas atividades.[17] O decreto manteve a pluralidade sindical decidida pela Assembleia Constituinte. É verdade que seu artigo 5º limitou a pluralidade sindical relativamente aos trabalhadores, pois exigiu que o sindicato contasse com a adesão de, ao menos, "um terço dos

16. Artigo 8º do Decreto nº 24.694, de 12 jul. 1934.
17. Artigos 21 a 23, 34 e 35 do Decreto nº 24.694, de 12 jul. 1934.

empregados que exerçam a mesma profissão na respectiva localidade". Consequentemente, uma categoria profissional nunca poderia ter mais que três sindicatos numa mesma localidade.

Conclusão

Vitoriosa a Revolução de 1930, seu grupo dirigente deu início a uma profunda reconfiguração do Estado brasileiro, que assumiu novas atribuições (no campo econômico, social, educacional, cultural etc.), ganhando características fortemente intervencionistas. Ademais, o novo regime promoveu alterações de monta na relação do Estado com a sociedade. Motivado pela necessidade de atrair apoio ao regime e, ao mesmo tempo, de neutralizar seus adversários, o novo grupo dirigente serviu-se com frequência do repertório corporativista, que gozava, então, de prestígio junto a vários círculos políticos e intelectuais. Na realidade, esse repertório era parte do que Bolívar Lamounier denominou "pensamento político autoritário", gestado ao longo da Primeira República e estruturado em torno de críticas acerbas à organização institucional consagrada pela Constituição de 1891, especialmente ao seu pronunciado federalismo e ao seu caráter liberal.

Reivindicadores de um realismo político, os autores dessa corrente de pensamento privilegiaram o estudo da sociedade e da história brasileiras como condição para a proposição de instituições adequadas à realidade do país, rejeitando o liberalismo e o socialismo como fórmulas incompatíveis com o "caráter nacional". Não é, portanto, fortuito que os principais autores do pensamento autoritário, como Alberto Torres, Oliveira Vianna e Azevedo Amaral, tenham escrito, ao lado de obras doutrinárias, livros de natureza histórico-sociológica. Partindo da constatação da inexistência ou, pelo menos, do baixíssimo grau de organização da sociedade no país, os pensadores autoritários atribuíam ao Estado a missão de superar tal deficiência. Ao mesmo tempo, eles negavam a legitimidade que o liberalismo reconhecia no conflito social. Assim, a política não seria o embate racional e pacífico entre posições divergentes, mas o instrumento de erradicação do conflito social. Caberia ao Estado conduzir a sociedade à harmonia, pela adoção de mecanismos corporativistas e, quando necessário, pela coerção, evitando a intensificação de conflitos que os pensadores autoritários admitiam existir: as disputas intraoligárquicas, os conflitos regionais e as tensões entre capital e trabalho (Lamounier, 2006). Em síntese, o pensamento autoritário continha uma "concepção orgânico-corporativa de uma harmonia fundada diretamente na diferenciação e na complementaridade funcionais dos órgãos da sociedade: dos grupos, classes, profissões" (Lamounier, 2006:391).

A representação classista nas assembleias constituintes (do país e dos estados) e no legislativo ordinário, assim como o sindicalismo atrelado ao Estado, foram inovações patrocinadas pelo regime com vistas a ampará-lo politicamente. Tal propósito era claro para os deputados que faziam parte da Constituinte de 1933/34. Eleita num ambiente de relativa liberdade política, a Assembleia Nacional Constituinte abrigou representantes de setores que se opunham, por diversas razões, às instituições corporativas. O documento aprovado pela Constituinte referendou a representação classista, conforme o desiderato governamental, mas não o sindicalismo corporativista. No entanto, fazendo valer seu poder de fato, o governo alterou o desenho da estrutura sindical definido pelos deputados constituintes. O empenho do regime para criar mecanismos de representação corporativistas foi acompanhado pelo esforço de dotá-los de efetividade, nos termos planejados pelo governo. Noutras palavras, o governo, depois de instaurá-las, precisou cuidar para que as novas instituições funcionassem realmente como apoios ao regime, como evidenciam as instruções de Vargas a Flores da Cunha e a missão sindical de Joaquim Pimenta no Nordeste.

CAPÍTULO 2

O corporativismo dos profissionais liberais: regulamentação profissional e representação de interesses[18]

Neste capítulo, apresento inicialmente os contornos sociológicos e políticos dos profissionais liberais e das classes médias (às quais eles pertenciam). Em seguida, examino, mais longamente, as duas funções centrais desempenhadas pelas entidades corporativas das profissões liberais (sindicatos e conselhos profissionais): a regulamentação profissional e a representação de interesses. Finalmente, procuro investigar o poder detido por essas entidades.

A literatura sobre as classes médias brasileiras na primeira metade do século XX é bastante escassa. Destaca-se o trabalho de Décio Saes que, a fim de examinar seu comportamento político, a decompõe num grupo superior (onde estão os profissionais liberais) e num grupo inferior (constituído, entre outros, por comerciários e bancários). No período pós-1930, segundo Saes, a baixa classe média aderiu ao sindicalismo oficial, considerando que esse se constituía um meio eficiente de concretização de seus interesses, sob o abrigo do Estado e contra a resistência do patronato. Em consequência,

18. Uma versão anterior deste artigo foi publicada em inglês em *Nuevo Mundo Mundos Nuevos*, 2022. A pesquisa que o originou se beneficiou de bolsa concedida pela FBN (Brasil). Agradeço a Ana Julia Guimarães, que prestou competente e inestimável apoio no levantamento de fontes e literatura usadas neste capítulo.

surgiram e consolidaram-se, nesses anos, sindicatos de comerciários, bancários e jornalistas. Por outro lado, a alta classe média teria continuado a professar seu liberalismo excludente, o que se expressaria na sua contrariedade com a incorporação política do proletariado urbano. Politicamente, a camada superior das classes médias teria renovado sua aliança com o setor agroexportador (Saes, 1984:107-112; 1996:463, 487).

As proposições de Saes me parecem convincentes, mas merecem alguma modulação. É bastante provável que a maior parte da alta classe média e, especialmente, dos profissionais liberais tivesse uma visão de mundo liberal-elitista. No entanto, o ideário socialista contava com seguidores nessa camada social e, por outro lado, não se pode esquecer que o integralismo recrutou sua liderança, em boa medida, entre os advogados, médicos e engenheiros (Trindade, 1979:132-141).

Escrevendo no início da década de 1950, Wright Mills apontou o avanço do assalariamento das profissões liberais nos Estados Unidos naquele momento. O mesmo fenômeno ocorreu no Brasil e já era observável nas décadas de 1930 e 1940. Mills divide os profissionais liberais em dois extratos: os tradicionais, persistentes especialmente entre os advogados e médicos, e os assalariados, partes da nova classe média (*white collars*). A caracterização que o sociólogo americano faz dos dois grupos serve para o contexto brasileiro. A clivagem ocorria não em torno dos rendimentos auferidos, mas do grau de independência no desempenho de seu ofício. O primeiro grupo mantinha uma unidade de trabalho que podia administrar sozinho e gozava de grande autonomia profissional, estabelecendo ele próprio seus honorários e suas condições de trabalho. O segundo grupo era limitado, na sua atuação profissional, por decisões dos seus chefes e pelas normas e regulamentos das instituições públicas ou privadas em que trabalhavam (Mills, 1976:131-133). Mills constata a emergência de um sindicalismo dos *white collars* nos Estados Unidos, mas aponta seu efeito ambíguo. Por um lado, a organização sindical possibilitava à nova classe média melhores condições de trabalho e renda. Por outro lado, atingia uma de suas bases de prestígio, que era a diferenciação em relação ao operariado, ao aderir a um tipo de organização que era semelhante ao desse grupo social (Mills, 1976:325-330).

No Brasil, havia uma grande quantidade de engenheiros que eram empregados do Estado ou de firmas privadas (Dias, 1994:41-42; Diniz, 2001:52). A ampliação dos serviços de saúde pública aumentou o assalariamento entre os médicos.[19] Também se incrementou entre os advogados o assalariamento, em função do desenvolvimento do aparelho estatal e do capitalismo no país. Ainda assim, permaneceu muito frequente, entre os médicos e os advogados, a condição de profissional liberal *stricto sensu* (Vannucchi, 2018:594-596). Parte dos advogados, engenheiros e médicos que tinham emprego público ou trabalhavam para a iniciativa privada mantinha, igualmente, consultórios ou escritórios, onde passava parte do dia. Aqueles que trabalhavam por conta própria esperavam de suas entidades corporativas especialmente que fizessem valer o fechamento do mercado de serviços profissionais. Os assalariados também prezavam o fechamento do mercado, que garantia a exclusividade a advogados, engenheiros e médicos diplomados na ocupação de postos de trabalho públicos e privados. Entretanto, os assalariados, mais que os profissionais independentes, estavam interessados, igualmente, que suas entidades atuassem para melhorar suas condições de trabalho e sua remuneração. Historicamente, os sindicatos eram mais vocacionados para defender os interesses dos assalariados, ainda que os conselhos profissionais tenham feito movimentos nessa direção.

Durante a Primeira República, as classes médias consolidaram-se como um ator político relevante no cenário brasileiro. A relevância

19. Donnangelo (1975:69-71); Pereira Neto e Maio (1992:109); Mota e Schraiber (2009:351-355).

da participação política da camada social levou mesmo alguns autores à interpretação (exagerada) de que a Revolução de 1930 havia alçado a classe média ao poder (Jaguaribe, 1972:173-174). Ainda que, concordando com Saes, se admita que, na Primeira República, sua atuação predominante tenha sido conservadora, como aliada das oligarquias agroexportadoras, é inegável sua participação em movimentos de contestação ao *status quo* (alguns deles com forte caráter disruptivo), como o jacobinismo do início da República, o movimento civilista da década de 1900 e o tenentismo dos anos 1920.[20]

Regulamentação das profissões liberais

Nos seus primeiros quatro anos, o regime varguista regulamentou, ao menos, 13 profissões liberais (eram enquadradas como tais pelo Decreto-Lei nº 2.381, de 1940). A iniciativa tinha grande potencial para ajudar a atrair apoio das classes médias ao governo, pois tendia a se converter em aumento do prestígio e dos ganhos materiais pelos profissionais liberais (Coelho, 1999:27-28, 284-285; Miceli, 2001:204-207). O modelo de regulamentação profissional pós-1930 assentava-se na exigência de diploma e na delimitação de um rol de atividades exclusivas da profissão em questão. Na maioria dos casos, o credenciamento e a fiscalização profissional foram atribuídos a um ministério. No que tange aos advogados, engenheiros, arquitetos e agrimensores (e, apenas em 1945, aos médicos), essas prerrogativas foram entregues aos respectivos conselhos profissionais, dirigidos pelas próprias categorias profissionais (quadro 1).

A reivindicação de fechamento do mercado profissional por parte das categorias mais tradicionais das profissões liberais (advogados, engenheiros e médicos) era bastante anterior à Revolução de 1930.

20. Fausto (1989:51-85); Queiroz (1986); Pinheiro (1997:25-35).

QUADRO 1. **Regulamentação das profissões liberais no Brasil, 1930-34**

Categoria profissional	Legislação	Termos da regulamentação	Credenciamento e fiscalização
Advogados	Decreto nº 19.408, de 18 de novembro de 1930; Decreto nº 22.478, de 1933	Diploma e exclusivismo profissional	Conselho profissional (OAB)
Agrimensor	Decreto nº 23.569, de 1933	Diploma e exclusivismo profissional	Conselho Profissional (Conselho Federal de Engenharia e Arquitetura)
Agrônomo	Decreto nº 23.196, de 12 de outubro de 1933	Diploma e exclusivismo profissional	Ministério da Agricultura
Arquiteto	Decreto nº 23.569, de 1933	Diploma e exclusivismo profissional	Conselho Profissional (Conselho Federal de Engenharia e Arquitetura)
Atuários	Decreto nº 20.158, de 30 de junho de 1931	Diploma e exclusivismo profissional	Ministério da Educação e Saúde Pública
Contabilista	Decreto nº 20.158, de 30 de junho de 1931	Diploma e exclusivismo profissional	Ministério da Educação e Saúde Pública
Enfermeiras	Decreto nº 20.109, de 15 de junho de 1931	Diploma e uso do título de "enfermeiro diplomado"	Ministério da Educação e Saúde Pública
Engenheiros	Decreto nº 23.569, de 1933	Diploma e exclusivismo profissional	Conselho Profissional (Conselho Federal de Engenharia e Arquitetura)
Farmacêuticos	Decreto nº 20.377, de 8 de setembro de 1931	Diploma e exclusivismo profissional	Ministério da Educação e Saúde Pública
Médicos	Decreto nº 20.931 de 11 de janeiro de 1932	Diploma e exclusivismo profissional	Ministério da Educação e Saúde Pública
Médicos veterinários	Decreto nº 20.931 de 11 de janeiro de 1932	Diploma e exclusivismo profissional	Ministério da Educação e Saúde Pública
Odontologista	Decreto nº 20.931 de 11 de janeiro de 1932	Diploma e exclusivismo profissional	Ministério da Educação e Saúde Pública
Químicos	Decreto nº 24.693, de 12 de julho de 1934	Diploma e exclusivismo profissional	Ministério do Trabalho

Fontes: Decreto nº 19.408, de 18 nov. 1930; Decreto nº 20.109, de 15 jun. 1931; Decreto nº 20.158, de 30 jun. 1931; Decreto nº 20.377, de 19 jan. 1931; Decreto nº 20.931, de 11 jan. 1932; Decreto nº 22.478, de 20 fev. 1933; Decreto nº 23.196, de 12 out. 1933; Decreto nº 23.569, de 1933; Decreto nº 24.693, de 1934.

O alvo dessas reivindicações eram os "práticos", os indivíduos não diplomados que faziam concorrência aos profissionais diplomados. Na regulamentação profissional do pós-1930, os "práticos" foram afastados do exercício de várias profissões ou sofreram importantes restrições para sua atuação.

A organização de uma instituição, inspirada na Ordem dos Advogados de Paris, incumbida de estabelecer as condições para o exercício da profissão e dirigida pela própria categoria profissional, foi um objetivo manifesto do Instituto dos Advogados Brasileiros (IAB) desde a sua fundação, na primeira metade do século XIX.[21] A criação da OAB, em novembro de 1930, permitiu que a elite dos advogados assumisse, a partir de então, a regulamentação da profissão. Entre suas preocupações corporativas, a mais importante, ao lado da moralização da categoria profissional, era o controle da oferta de serviços. A direção da OAB adotou três medidas para tanto: 1) interditou o exercício da advocacia aos juízes, membros do Ministério Público e outros funcionários públicos; 2) reservou a maioria dos atos judiciais aos advogados; 3) restringiu a atuação dos rábulas (advogados não diplomados, que foram incorporados à Ordem em condição subalterna).[22]

Fundado no Rio de Janeiro em 1931, o Sindicato Central dos Engenheiros[23] preocupou-se, desde seu início, com a delimitação de um mercado de serviços exclusivo para a categoria profissional. Seu manifesto de fundação afirmava que um dos objetivos da entidade era "impedir a realização de projetos sem responsabilidade técnica definida, assegurar a direção técnica de engenheiros nas indústrias e organizações técnicas" (Telles, 1993:677). O Sindicato

21. Coelho (1999:188-189); Bonelli (2002:56); Venâncio Filho (2011).

22. Decreto nº 22.478, de 20 fev. 1933.

23. O nome da entidade mudou para Sindicato Nacional dos Engenheiros em 1933, e para Sindicato dos Engenheiros do Rio de Janeiro em 1941.

dos Engenheiros, ao menos no seu início, foi amparado pelo Clube de Engenharia, fundado no Rio de Janeiro em 1880, que lhe oferecia ajuda financeira e emprestava uma sala (Diniz, 2001:60). O sindicato desempenhou um papel central na regulamentação profissional. No início de 1932, a entidade entregou um anteprojeto com tal finalidade ao ministro do Trabalho, Salgado Filho. No ano seguinte, o ministério organizou uma comissão para redigir a versão definitiva do projeto de lei de regulamentação profissional (Los Rios Filho, 1947:20-21; Telles, 1993:699; *Revista Senge*-RJ, 2011:7-9). Em dezembro de 1933, o governo estabeleceu a regulamentação da engenharia pelo Decreto nº 23.569, que estabelecia uma série de atividades como exclusivas do engenheiro diplomado (mas permitia que os práticos em atividade continuassem a trabalhar) e criava uma entidade para fiscalizar o exercício profissional, o Conselho Federal de Engenharia e Arquitetura.

Fundado no Rio de Janeiro em 1927, o Sindicato Médico Brasileiro[24] centrou sua ação na tentativa de delimitar um mercado de trabalho exclusivo para os médicos formados em faculdades oficialmente reconhecidas no país. A tentativa de frear a concorrência a tais médicos tinha como alvo os seguintes grupos: a) médicos diplomados por faculdades não reconhecidas pelo Estado; b) médicos formados no exterior; c) charlatães, curandeiros, espíritas e homeopatas; c) outros profissionais da saúde, como farmacêuticos, enfermeiros e parteiras (Pereira Neto e Maio, 1992:110; Pereira Neto, 1998). Em 1931, foi fundado o Sindicato Médico do Rio Grande do Sul, que também almejava o fechamento do mercado de serviços médicos (Vieira, 2009:29-30, 57-58, 95, 108-109). Um decreto baixado no início de 1932[25] estabeleceu a obrigatoriedade de posse do diploma

24. No início da década de 1940 seu nome foi alterado para Sindicato dos Médicos do Rio de Janeiro.
25. Decreto nº 20.931, de 11 jan. 1932.

para o exercício da medicina, assim como o rol de atividades a serem desempenhadas com exclusividade pelos médicos. O decreto proibia o exercício profissional de médicos formados por instituições nacionais não reconhecidas pelo Estado e impunha condições para a prática da medicina por parte daqueles que haviam se formado no exterior.

Os conselhos profissionais dos advogados e dos engenheiros assumiram não apenas a regulamentação profissional, mas, igualmente, a representação dos interesses das suas respectivas categorias profissionais ante o Estado (Schmitter, 1971:203-204). Assim, os dirigentes dessas entidades tornaram-se interlocutores frequentes do regime na apresentação de demandas em nome de seus filiados. Ademais, os conselhos tomaram parte nas eleições para a escolha de representantes classistas nas assembleias constituintes estaduais e na Assembleia Nacional Constituinte, assim como nos órgãos legislativos ordinários. O presidente da OAB, Levi Carneiro, tomou parte da Assembleia Nacional Constituinte (1933/34) na condição de representante dos profissionais liberais.

O reconhecimento pelo Estado da função dos conselhos de representar suas categorias profissionais criou uma concorrência, no interior do aparato corporativo, para os sindicatos, como fica evidente no episódio seguinte. Em fins da década de 1930, o ministro da Educação e Saúde, Gustavo Capanema, organizou uma comissão, composta por funcionários do ministério e representantes de entidades médicas, incumbida de elaborar o projeto de criação da Ordem dos Médicos Brasileiros. Durante os trabalhos da comissão, o boletim do Sindicato dos Médicos publicou um artigo que defendia a separação de atribuições entre a Ordem e o sindicato. Nele, a criação da Ordem era vista como incorporadora dos médicos na organização corporativa: "Com o advento do Estado Novo [...] vão ser compreendidos os médicos no plano geral de organização totalitária do país, por classes profissionais".[26] No entanto, a posição do sindicato foi vencida, e a maioria da comissão propôs que o órgão a ser criado assumisse o "conceito moderno" de ordem profissional, enfeixando em suas mãos tanto a regulamentação profissional (já contemplada no "conceito clássico" de ordem profissional) quanto a defesa dos interesses materiais dos médicos: "nas modernas organizações corporativas, aparelhos desta espécie, sendo sobretudo órgãos de cooperação que o Estado utiliza em seu próprio interesse e em proveito da coletividade, têm por força que possuir um programa de ação mais amplo e generoso".[27]

A inspiração reivindicada do modelo adotado pela comissão foi a da Ordem dos Médicos Portugueses, então em estudo pela ditadura salazarista.[28] De fato, o acúmulo, numa mesma entidade, das funções de regulamentação profissional e de representação de interesses ocorreu, igualmente, em vários países europeus no pré-Segunda Guerra Mundial. Vital Moreira, ao apresentar uma tipologia das entidades de autorregulação profissional naquele continente, sugere que a mais paradigmática delas seja justamente a que combina ambas as funções. Nos regimes fascistas europeus, houve a tendência de que as ordens profissionais exercessem com exclusividade a representação dos interesses das categorias profissionais, ao mesmo tempo que as outras entidades das profissões liberais foram abolidas ou impedidas de serem criadas (Moreira, 1997:63, 187-280). Em Portugal, a Ordem dos Advogados fora criada antes do advento do Estado Novo. A Ordem dos Engenheiros e a Ordem dos Médicos foram criadas já na década de 1930. A legislação estadonovista previu a organização de sindicatos nacionais

---

26. CPDOC-FGV, Arquivo Gustavo Capanema, GC h 1938.01.08, documento 75.
27. CPDOC-FGV, Arquivo Gustavo Capanema, GC h 1938.01.08, documento 16.
28. CPDOC-FGV, Arquivo Gustavo Capanema, GC h 1938.01.08, documento 16.

para cada uma das profissões liberais. No caso dos advogados, engenheiros e médicos, as respectivas ordens eram equiparadas aos sindicatos nacionais. Reconhecia-se a função de representação da categoria profissional das ordens: cada uma delas tinha assento garantido na Câmara Corporativa (Ferreira, 2010:944-945). No Brasil, os conselhos profissionais jamais gozaram de exclusividade de representação profissional. Conviveram tanto com as associações de filiação voluntária quanto com os sindicatos profissionais.

Conflitos no interior das profissões liberais

A iniciativa estatal para obter apoio das profissões liberais defrontou-se com a diversidade de interesses que abrigavam. O estudo do modo como o regime se relacionou com cada uma das frações das categorias dos advogados, engenheiros e médicos alarga a compreensão das vicissitudes do processo de construção do Estado de Compromisso, bem como dos desafios e dos riscos aí embutidos. O que se observa quanto à atitude do regime é que ele evitou alienar o apoio de qualquer fração das categorias profissionais, procurando atender, tanto quanto possível, as demandas de todas elas. Nesse contexto, o Estado atuou mais como um agente de conciliação que um ator disposto a impor sua vontade sobre as categorias profissionais. Ainda que possivelmente tivesse recursos políticos para fazer valer seu ponto de vista, o regime apostou na negociação e na acomodação de interesses para a conquista de adesão dos profissionais liberais.

O primeiro tipo de conflito no interior das profissões liberais que o Estado arbitrou foi o que opunha, de um lado, profissionais diplomados por faculdades oficialmente reconhecidas, e, de outro, profissionais não diplomados ou formados por instituições de ensino não reconhecidas oficialmente. Como evidenciam as leis que regulamentaram, no início da década de 1930, o exercício de advocacia, engenharia e medicina, o regime assentiu à demanda das elites profissionais para concentrar o mercado profissional nas mãos dos diplomados por faculdades oficialmente reconhecidas. Ainda assim, essas leis, numa solução de compromisso, permitiram que os práticos que já exerciam o ofício continuassem a trabalhar, embora sob algumas condições.

De qualquer modo, os grupos prejudicados pela regulamentação profissional organizaram-se para obter concessões do Estado, no que foram bem-sucedidos, como prova a investigação empírica. Assim, os rábulas do Rio Grande do Sul (estado em que vigia uma forte tradição de liberdade profissional) que não se enquadravam nos requisitos estabelecidos pela OAB solicitaram ao Governo Provisório o direito de continuarem a exercer o ofício. O grupo teve entre seus defensores Viriato Vargas, ele próprio um rábula, que escreveu a seu irmão Getúlio Vargas para reforçar o pleito. Em carta escrita em São Borja (Rio Grande do Sul), em 18 de junho de 1932, Viriato pediu ao chefe do Governo Provisório dispensar de exame os rábulas com mais de 10 anos de atuação profissional:

> Vou tratar agora de um assunto em que tenho interesse pessoal. Já deves ter recebido um memorial em que te pedimos para ordenares a provisão dos advogados não formados e com mais de 10 anos de serviço, independente de exame, isto é, sem lhe[s] serem exigidos exames. Isto é a coisa mais justa do mundo. Tu com tua lei, sem dúvida não tiveste a intenção de ferir direitos adquiridos. Eu, por exemplo, com 25 anos de exercício da profissão, como sabes, parece-me uma iniquidade quererem agora que quase aos 60 anos, vá me submeter aos azares de exames perante o tribunal, onde rodará qualquer advogado que se fique de repente e se o leve lá. É uma concessão razoável que empenhamo-nos contigo para fazeres aos velhos advogados, que já

não estão mais em idade de submeterem-se aos imprevistos de exames, que, como tu sabes, nada significam quanto à capacidade dos examinados.[29]

Duas semanas depois, o governo baixou o Decreto nº 21.592/1932, que diminuía as exigências impostas aos rábulas. No final daquele ano, ao discursar na OAB na condição de seu presidente, Levi Carneiro sugeriu que, na concessão aos rábulas, o governo agira motivado por "razões de conveniência política" (Carneiro, 1943:272).

Igualmente, entre os médicos houve mobilização de setores que tiveram sua inserção no mercado profissional limitada ou mesmo proibida pela lei de regulamentação da medicina de 1932. Assim, no Rio Grande do Sul, foram criados, em 1932, um sindicato (depois transformado em associação) que representava os formados pela Escola Médico-Cirúrgica de Porto Alegre (instituição que não gozava de reconhecimento oficial) e a Corporação Rio-Grandense dos Médicos Diplomados no Estrangeiro. A pressão dessas entidades foi bem-sucedida, pois, em meados de 1933, o governo publicou o Decreto nº 22.843, pelo qual autorizava especificamente os médicos gaúchos formados no exterior e também os que haviam se diplomado pela Escola Médico-Cirúrgica de Porto Alegre a exercerem a profissão. Também houve reação contra o decreto de 1932 por parte de autoridades municipais do Rio Grande do Sul, que solicitaram a Vargas autorização para que os "práticos" pudessem continuar a exercer a medicina, em vista da carência de médicos diplomados naquelas localidades. O governo atendeu à solicitação (Vieira, 2009:98-100).

O segundo tipo de conflito no interior das profissões liberais mediado pelo Estado tinha como eixo a representação em disputa das

29. CPDOC-FGV, Arquivo Getúlio Vargas, GV c 1932.06.18.

categorias profissionais. Como norma, o Estado procurava incluir as principais entidades da categoria profissional (sindicatos, conselhos profissionais e associações de outro tipo) no debate de questões de seu interesse. Desse modo, na comissão instituída pelo Ministério do Trabalho para elaborar a lei de regulamentação da engenharia participaram representantes do Sindicato Central dos Engenheiros, Clube de Engenharia, Instituto de Engenharia de São Paulo, Associação de Engenheiros Civis da Bahia e Sociedade Mineira de Engenheiros (Los Rios Filho, 1947:20-21; Telles, 1993:699; *Revista Senge*-RJ, 2011:7-9).

Como mencionado anteriormente, no início de 1938, o Ministério da Educação e Saúde começou a estudar a criação da Ordem dos Médicos Brasileiros. O assunto foi submetido ao Departamento Nacional de Saúde (DNS), no qual o sanitarista Raul de Almeida Magalhães sugeriu a formação de uma comissão para redigir o projeto de criação da Ordem:

> Devem ser ouvidos, no preparo do anteprojeto a ser submetido à consideração do Governo, os pareceres dos *representantes mais autorizados da classe*, a fim de que lhe[s] possam ser atendidas as justas aspirações e regulados os deveres da ética profissional. Sugiro, pois, a conveniência de ser nomeada uma comissão para redigir o anteprojeto, convindo que dela façam parte os Presidentes da Academia Nacional de Medicina e da Sociedade de Medicina e Cirurgia, um representante do Sindicato Médico e dois técnicos do DNS.[30]

O ministro da Educação e Saúde, Gustavo Capanema, concordou com a proposta de Magalhães e determinou a formação de uma

30. CPDOC-FGV, Arquivo Gustavo Capanema, GC h 1938.01.08, documento 3 (grifo meu).

comissão com os representantes das três entidades médicas.[31] A comissão preocupou-se em angariar o apoio da categoria profissional para sua proposta. Encaminhou uma versão preliminar do projeto para entidades e faculdades de medicina de todo o país, que responderam com dezenas de sugestões e emendas.[32]

A disputa mais áspera no que diz respeito à representação de uma categoria de profissionais liberais que o Estado teve de moderar no período foi a que opôs a OAB e os sindicatos de advogados. No início da década de 1940, a OAB passou a interpelar o Estado solicitando a abolição dos sindicatos da categoria profissional, argumentando que ela própria já se configurava como "órgão de defesa dos interesses da classe",[33] o que significava dizer que a OAB já desempenhava uma função sindical (Boletim..., 1944:139.). O presidente do Sindicato dos Advogados do Rio de Janeiro,[34] Aurélio Silva, manifestou-se publicamente pela coexistência entre as duas entidades, com uma divisão de tarefas que destinava aos sindicatos "uma feição precipuamente econômica" e à OAB a seleção e disciplina dos advogados (*Correio da Manhã*, 2 jun. 1943:2). O presidente da OAB, Fernando de Melo Vieira, procurou o ministro do Trabalho, Marcondes Filho, que evitou tomar qualquer decisão, o que resultou na manutenção da situação vigente, ou seja, no reconhecimento oficial dos sindicatos de advogados.[35]

---

31. CPDOC-FGV, Arquivo Gustavo Capanema, GC h 1938.01.08, documento 4.
32. CPDOC-FGV, Arquivo Gustavo Capanema, GC h 1938.01.08, documentos 68-339.
33. CF-OAB, Ata de sessão do Conselho Federal, 19 maio 1942.
34. O primeiro nome da entidade foi Sindicato Brasileiro de Advogados. No início da década de 1940, tornou-se Sindicato dos Advogados do Rio de Janeiro.
35. CF-OAB, Ata de sessão do Conselho Federal, 26 maio 1942; CF-OAB, Ata de sessão do Conselho Federal,14 jul. 1942.

Corporativismo e clientelismo

Há um *tópos* da literatura sobre corporativismo produzido pelos cientistas políticos que merece ser invocado para o melhor enquadramento do objeto deste capítulo. Trata-se da constatação de que, apesar da sua centralidade, o corporativismo não foi a única modalidade pela qual Estado e sociedade travaram relações na América Latina a partir da década de 1930: ele coexistiu com outras "gramáticas políticas" (Nunes, 2010). O reconhecimento do fenômeno permitiu a Guillermo O'Donnell ressalvar que, numa situação em que as entidades corporativas estejam subordinadas ao Estado (como nos regimes burocrático-autoritários instalados na América Latina nas décadas de 1960 e 1970) e na qual elas sejam "a expressão institucional da burguesia e da classe operária, não é obrigatório que a sociedade esteja submetida ao Estado de modo uniforme", pois as relações entre Estado e sociedade se dão em um quadro mais amplo, não se resumindo às formas corporativas (O'Donnell, 1998:148-149, tradução minha). Por sua vez, Renato Boschi nota que o empresariado industrial brasileiro, além de se servir das instâncias corporativas, continuou a apresentar suas demandas ao Estado pela via dos contatos pessoais, da política de clientela e das associações de classe não corporativas (Boschi, 1979:37-38).

Durante o regime varguista, uma combinação muito recorrente de gramáticas políticas, usufruída por todos os grupos sociais (com exceção dos trabalhadores do campo), foi entre corporativismo e clientelismo. Edson Nunes (2010:63) observa que ambas atuavam no sentido de esvaziar os conflitos sociais, o que as tornava particularmente úteis para um regime empenhado em construir uma base de apoio social larga e, simultaneamente, manter a sociedade civil sob tutela. Proponho que corporativismo e clientelismo se reforçavam mutuamente. Um exemplo de como isso ocorria é dado por Edson Nunes: dirigentes de sindicatos oficiais que mantinham longos mandatos e prestavam favores para os sindicalizados, que se tornavam sua clientela (Nunes, 2010:64-65). Adalberto Cardoso examina um caso específico de relação clientelística entre a direção de um sindicato corporativo e seus filiados, ao estudar o Sindicato dos Metalúrgicos de São Paulo. A gestão de Joaquim dos Santos Andrade, o "Joaquinzão", no sindicato, iniciada em meados da década de 1960, foi marcada pela adesão à ditadura militar. A direção da entidade oferecia serviços assistenciais a seus filiados, viabilizados pela contribuição obrigatória de todos os metalúrgicos de São Paulo. Ao mesmo tempo, o sindicato restringia o número de filiados e a filiação configurava um apanágio que se concretizava em acesso à prestação médica, dentária, legal etc. Desse modo, a direção sindical e os filiados cambiavam serviços assistenciais por votos (Cardoso, 1999:108-116). Em casos como esse, o clientelismo mediava não apenas a relação dos sindicatos com seus filiados, mas, igualmente, dos sindicatos com o Estado, entre os quais se instituíam vínculos de lealdade e trocas de favores.

A imbricação entre corporativismo e clientelismo também se manifestou na relação das profissões liberais com o Estado. Os dirigentes das entidades corporativas (sindicatos e conselhos profissionais) exploravam sua proximidade com Vargas e seus ministros para a apresentação de demandas voltadas às próprias entidades e às categorias profissionais. O atendimento de tais demandas tendia a fortalecer tanto os organismos corporativos na sua função de representar os interesses das profissões liberais quanto os dirigentes das entidades, que passavam a constituir clientela do regime e, enquanto tal, mantinham laços de lealdade com o governo, como se pode observar nas relações da OAB e do Sindicato dos Médicos do Rio de Janeiro com o regime.

Levi Carneiro, primeiro presidente da OAB, que exerceu o cargo até 1938, integrava a elite intelectual e burocrática do regime (Miceli, 2001:209-211, 270-272). Nesses anos, o Conselho Federal investiu em uma agenda voltada à sua consolidação institucional e aos interesses específicos dos advogados. Para tanto, era importante ter uma boa relação com o governo. O sucessor de Levi Carneiro, Fernando de Melo Viana, relatou aos conselheiros federais que, ao ser recebido pelo ministro da Justiça, em outubro de 1938, encontrara "a maior boa vontade para a concessão da verba necessária para este fim [a nova sede do Conselho Federal]. Foi-lhe comunicado ainda, terem sido tomadas providências para que, no futuro Palácio da Justiça, sejam reservadas dependências para a Ordem dos Advogados."[36]

No ano seguinte, uma comissão da entidade foi recebida por Vargas. Melo Viana relatou do seguinte modo esse encontro aos conselheiros federais:

> O sr. Presidente comunicou ao Conselho que a comissão incumbida de pedir ao sr. Presidente da República instalação condigna e subvenção para o Conselho Federal foi recebido por S. Excia, que, reconhecendo a procedência do pedido, prometeu não só a subvenção como instalação condigna no Edifício da Caixa Econômica, contíguo ao Palácio da Justiça, e que será entregue até o fim do ano.[37]

Em abril de 1943, o Sindicato dos Médicos do Rio de Janeiro declarou Vargas seu benemérito (*Diário de Notícias*, 10 abr. 1943:2.). Possivelmente por volta desse período, a entidade recebeu um terreno e um empréstimo do governo federal para construir sua sede.[38] Dois depoimentos dados na década de 1990 por médicos que par-

---

36. CF-OAB, Ata de sessão do Conselho Federal, 18 out. 1938.
37. CF-OAB, Ata de sessão do Conselho Federal, 24 out. 1939.
38. *A Noite* (30 abr. 1944:10); FIOCRUZ. Casa de Oswaldo Cruz. Depoimentos orais do projeto 1995: 50 anos de criação do Conselho Regional de Medicina do Rio de Janeiro, Entrevista de Carlos Renato Grey concedida em 1994 (BR RJCOC 05-05-02-03-02), fita 6, p. 11.

ticiparam das atividades do sindicato no início da década de 1940 reconhecem a proximidade entre Álvaro Tavares de Souza, que foi presidente do sindicato de 1938 a 1951 (Pereira Neto, 1998), e Vargas. Segundo Carlos Grey, "Tavares de Souza [...] tinha a grande vantagem de ser gaúcho muito próximo ao Getúlio, ele era um cidadão muito próximo ao Getúlio".[39] De sua parte, Renato Pacheco Filho afirmou: "Álvaro Tavares de Souza era presidente do sindicato [...] Era amigo de Getúlio, gaúcho [...]".[40]

O poder das entidades corporativas das profissões liberais

O mero alinhamento dos dirigentes das entidades corporativas ao regime não era suficiente para dotá-las de legitimidade no interior dos grupos sociais, em cujo nome falavam. Como veremos, o Estado reconhecia essa relativa carência de representatividade dos órgãos corporativos ao ignorar o princípio, caro à doutrina corporativa, de que eles gozavam de monopólio da representação dos grupos sociais e das categorias profissionais. Consequentemente, o regime manteve a interlocução com entidades de livre associação, admitindo que elas também se constituíssem como porta-vozes do empresariado ou das profissões liberais. O princípio monopolístico apenas foi observado no caso do operariado urbano, visando ao seu controle político (Gomes, 1979: 252). Mesmo assim, o regime fez ra-

39. FIOCRUZ. Casa de Oswaldo Cruz. Depoimentos orais do projeto 1995: 50 anos de criação do Conselho Regional de Medicina do Rio de Janeiro, Entrevista de Carlos Renato Grey concedida em 1994 (BR RJCOC 05-05-02-03-02), fita 6, p. 12.

40. FIOCRUZ. Casa de Oswaldo Cruz. Depoimentos orais do projeto 1995: 50 anos de criação do Conselho Regional de Medicina do Rio de Janeiro, Entrevista de Renato Pacheco Filho concedida em 1994 e 1995 (BR RJCOC 05-05-02-03-04), fita 3, p. 47.

zoável esforço para emprestar legitimidade aos sindicatos oficiais entre os trabalhadores das cidades.

O trabalho de Vanda Costa mostra como o grupo fundador da Fiesp, depois do reconhecimento da entidade pelo regime como representante oficial da indústria paulista, procurou dar-lhe legitimidade no meio empresarial. A empreitada logrou sucesso porque a Fiesp entregou dois benefícios de monta aos seus associados: a) a organização de cartéis em diversos ramos da indústria; b) a resistência à instituição dos contratos coletivos de trabalho (Costa, 1999:117-143).

De sua parte, Luiz Werneck Vianna observa que o mero controle sobre os sindicatos não garantia o apoio do conjunto da classe trabalhadora ao Estado. Em meados da década de 1930, à medida que os sindicatos oficiais se impunham sobre os sindicatos livres, decrescia o número de seus filiados (Vianna, 1976:229). O Estado reagiu a essa situação incentivando a sindicalização e, ao mesmo tempo, possibilitando que os sindicatos oferecessem serviços assistenciais financiados pelo imposto sindical.[41] Em 1943, a iniciativa do Ministério do Trabalho para dotar de representatividade os sindicatos operários (naquela conjuntura procurava-se reforçar o apoio dos trabalhadores ao Estado Novo para que o regime pudesse enfrentar a oposição emergente) ganhou a adesão da Confederação Nacional das indústrias (CNI), que passou a orientar as empresas para que contratassem, preferencialmente, operários sindicalizados (Boletim..., 1943: n. 108, p. 335).

O já mencionado trabalho de Adalberto Cardoso sobre o Sindicato dos Metalúrgicos de São Paulo, embora tratando de um período histórico posterior, merece ser mobilizado para fins comparativos. Esse sindicato, malgrado sua boa relação com a ditadura militar,

41. Vianna (1976:227-235); Gomes (1988:268-275); Araújo (2002:57).

viu-se obrigado, a partir de meados dos anos 1970, a buscar maior legitimidade no interior da sua categoria profissional. A Oposição Sindical, corrente sindical que se antepunha ao grupo que dominava o Sindicato dos Metalúrgicos, lograra um significativo grau de enraizamento entre os metalúrgicos de São Paulo, o que lhe permitiu dirigir as greves da categoria profissional ocorridas em 1978 e 1979. Os trabalhadores em greve tenderam a rejeitar a interferência do sindicato, o que, na prática, era uma contundente recusa de reconhecimento da representatividade daquela entidade. Para recobrá-la, o Sindicato dos Metalúrgicos abriu-se à participação dos filiados e adotou uma postura mais combativa em relação ao governo e aos patrões (Cardoso, 1999:108-116).

A esta altura, seria oportuno questionar sobre a capacidade de as entidades corporativas oferecerem apoio ao regime instaurado em 1930, o que leva, necessariamente, à indagação: o quanto de poder elas detinham? Pretendo enfrentar a questão lançando mão de três parâmetros: 1) a quantidade de filiados dos sindicatos de profissionais liberais; 2) sua capacidade de mobilização; 3) a eficácia de sua ação.

Há razoável consenso na literatura acerca da correlação entre representatividade e taxa de filiação sindical, ainda que essa não deva ser tomada como único índice de poder sindical. Leôncio Rodrigues oferece um argumento de natureza empírica para sustentar a existência de correspondência entre os dois aspectos ao observar que os dirigentes procuram ampliar (e não diminuir) o contingente de filiados dos seus sindicatos (Rodrigues, 2009:118).

Passando ao exame dos dados quantitativos disponíveis, aponto que, em 1938, havia 10.252 profissionais liberais sindicalizados (Anuário..., 1941: v. 5, p. 706). O Censo de 1940 contabilizou 118.687 pessoas na categoria que englobava profissionais liberais, ensino particular, culto e administração privada (Anuário..., 1946: v. 6, p. 30). Usando esses números, teríamos uma taxa de sindicalização de aproximadamente 9% dos profissionais liberais. O número de sindicatos de profissionais liberais era substancialmente inferior ao de sindicatos de empregadores e de empregados. Em 1938, havia 118 sindicatos de profissionais liberais no país, 1.006 de empregadores e 1.133 de empregados (Anuário..., c. 1939: v. 4, p. 479). Em 1945, esses números eram, respectivamente: 68, 549 e 872 (Anuário..., 1955: v. 16, p. 416). Registro que as estatísticas sindicais elaboradas pelo Estado nesse período são razoavelmente imprecisas (Cardoso, 2006).

Encontrei registros da existência, em algum momento do período Vargas, de 11 sindicatos de engenheiros, organizados no Distrito Federal e nos seguintes estados: Pernambuco, Paraná, Maranhão, Santa Catarina, Mato Grosso, São Paulo, Minas Gerais, Bahia, Rio de Janeiro e Pará (Telles, 1993:677).[42] Quanto aos sindicatos de advogados, tive notícia da existência de apenas dois no período abarcado por este capítulo: o do Rio de Janeiro e o do Rio Grande do Sul (Vannucchi, 2016b:478-483). Por sua vez, em fins de 1944, havia 13 sindicatos de médicos no país, nos seguintes lugares: Rio de Janeiro, Porto Alegre, Paraná, Rio Grande do Norte, Santa Catarina, Fortaleza, Bahia, Belo Horizonte, Ribeirão Preto, Campinas, Pará, Juiz de Fora e Petrópolis (*Diário da Noite*, 8 nov. 1944:3).

Obtive dados sobre a quantidade de filiados de alguns desses sindicatos. Em 1940, o Sindicato Médico Brasileiro contava com 3.632 sócios registrados, dos quais apenas 800 eram contribuintes.[43] Encontrei dados sobre a população de médicos no país apenas para o ano de 1954, quando eles eram 23.195, dos quais cerca de 6 mil estavam na capital do país (Anuário..., 1956: v. 17, p. 333).

---

42. *O Combate* (20 mar. 1934:4); *República* (30 maio 1934:2); *Diário de Pernambuco* (30 jul. 1935:4); *O Dia* (28 mar. 1937:2); *Almanak Laemmert* (1938:433); *Diário Carioca* (12 fev. 1939:6); *O Jornal* (17 nov. 1942:9); *O Jornal* (12 dez. 1944, 2ª seção, p. 5).
43. FIOCRUZ. Casa de Oswaldo Cruz. Fundo Álvaro Tavares de Souza, ATS/AM/19301209-2, *Boletim do Sindicato Médico Brasileiro*, p. 265.

Em 1933, o Sindicato dos Médicos do Rio Grande do Sul contava com 347 filiados (Vieira, 2009:107). Em 1954, existiam 1.832 médicos militantes naquele estado (Anuário..., 1956: v. 17, p. 333). Em 1931, o Sindicato Médico do Paraná teria, segundo seus dirigentes, como associados 99 entre os cerca de 170 médicos existentes no estado (Beraldo, 2018:435). Em 1937, o Sindicato Central dos Engenheiros tinha 1.300 filiados (*Jornal do Brasil*, 25 set. 1937:13). Em 1954, os engenheiros no país eram 11.566, dos quais 3.514 trabalhavam no Rio de Janeiro (Anuário..., 1956: v. 17, p. 333). Segundo seus dirigentes, o Sindicato Brasileiro de Advogados contava com 600 filiados em 1936 (*Correio da Manhã*, 19 jul. 1936:5). Neste ano, havia 9.308 advogados atuantes no país, dos quais pouco mais de 2 mil no Distrito Federal (Anuário...,1937: v. 3, p. 722). No entanto, o contingente de advogados de fato atuantes no sindicato era pouco expressivo a considerar a participação nas eleições para a diretoria da entidade. Nas eleições de 1936, votaram 18 associados; em 1938, 19 associados; em 1941, 36 associados.[44]

Com esse conjunto de dados em mãos, é possível estimar, ainda que grosseiramente, a representatividade estatística dos principais sindicatos de profissões liberais. Note-se que, no caso dos médicos e dos engenheiros, os dados sobre o contingente dessas categorias profissionais referem-se ao ano de 1954, enquanto os dados sobre os associados dizem respeito à década de 1930, de modo que as taxas de filiação provavelmente estão subestimadas (uma vez que é razoável supor que a quantidade de engenheiros e de médicos na década de 1930 fosse menor que em 1954). Assim, o Sindicato Mé-

44. Arquivo do Sindicato dos Advogados do Rio de Janeiro. Ata do Sindicato Brasileiro de Advogados, 2 set. 1936; Arquivo do Sindicato dos Advogados do Rio de Janeiro. Ata do Sindicato Brasileiro de Advogados, 30 ago. 1938; Arquivo do Sindicato dos Advogados do Rio de Janeiro. Ata do Sindicato Brasileiro de Advogados, 16 set. 1941.

dico Brasileiro contaria com a adesão de 15% dos médicos do país e de 60% dos médicos do Rio de Janeiro. O Sindicato Central dos Engenheiros teria como filiados 11% dos engenheiros brasileiros e 37% dos engenheiros do Rio de Janeiro. Observe-se que a área de atuação preferencial de ambos os sindicatos era o Rio de Janeiro, assim como a do Sindicato Brasileiro dos Advogados. A estimativa da adesão a esse último sindicato é mais precisa, pois conhecemos a quantidade de advogados atuantes na década de 1930. Assim, o sindicato contaria com a associação de 6% dos advogados brasileiros e 30% dos advogados do Rio de Janeiro.

O problema da legitimidade lastreada pela adesão da categoria profissional não se colocava para os conselhos profissionais, uma vez que os advogados e os engenheiros eram obrigados pela legislação vigente a se filiarem a esses órgãos para exercerem sua profissão.

Há outros aspectos que podem ser considerados como índices de poder sindical. Adalberto Cardoso sugere que ele deva ser medido "pelo poder de iniciar ações coletivas, encerrá-las quando for o caso, ou impedir que aconteçam sem o consentimento do sindicato" (Cardoso, 2003:209). Numa definição que desloca o eixo da capacidade de mobilização (como em Cardoso) para a eficácia da ação sindical, Leôncio Rodrigues propõe que poder sindical seja "a capacidade de as elites sindicais imporem decisões (geralmente na forma de obtenção de reivindicações), vetarem decisões ou — alternativa menos favorável — modificarem decisões que partam do governo, das empresas ou de outras elites" (Rodrigues, 2009:112-113). Assim, sem excluir seu contingente de filiados, podemos mensurar o poder de um sindicato pela sua capacidade de mobilizar a categoria profissional em torno de propostas ou vetos e, igualmente, de sua capacidade de fazer valer sua posição ante o Estado e os empregadores.

É certo que um grande contingente de filiados tende a aumentar o poder sindical. No entanto, há sindicatos que são fortes apesar de terem relativamente pouco associados. Nesses casos, o poder sindical advém mais de sua eficácia que de sua capacidade de mobilização. Até a crise do Estado Novo, o conjunto dos sindicatos de profissionais liberais e dos conselhos profissionais mantinha relação próxima com o regime. Dessa forma, extraíam sua força de uma relação privilegiada com o Estado, o que beneficiava o atendimento de suas reivindicações, contribuindo, ao menos teoricamente, para alargar sua legitimidade no interior da categoria profissional e, em decorrência disso, aumentar seu reconhecimento junto ao Estado, confirmando-se, deste modo, um vínculo de mútuo fortalecimento. Ao Estado, pareceria uma boa aposta investir em um setor da categoria profissional que lhe fosse leal, com a expectativa de que se transformasse em uma força majoritária, reforçando sua base de apoio social.

O pagamento obrigatório de anuidade realizado pelos profissionais liberais a seus conselhos e sindicatos reforçava a capacidade de ação desses. A OAB usufruía dessa fonte de recursos desde 1932[45] e o Conselho de Engenharia desde 1941.[46] Todos os advogados e engenheiros eram obrigados a pagar a taxa a seus conselhos, no valor de 20 mil réis. O valor não era alto: em 1940, o salário mínimo no país variava entre 90 mil e 240 mil réis.[47] A partir de 1940, os sindicatos de profissionais liberais passaram a contar com o pagamento obrigatório de "imposto sindical", que devia ser pago por todos os integrantes das profissões liberais e não apenas pelos filiados aos sindicatos. Em 1943, os advogados militantes no Distrito Federal deviam pagar a seu sindicato o valor de Cr$ 60 (*Diário de Notícias*, 30 jan. 1943:10). Neste ano, o valor do salário mínimo era

45. Artigo 94 do Decreto nº 20.784, de 18 nov. 1931.

46. Decreto-Lei nº 3.995, de 31 dez. 1941.

47. Decreto-Lei nº 2.162, de 1º maio 1940.

de Cr$ 300.[48] Como vários estudiosos apontaram, ao tratarem dos sindicatos operários, a anuidade obrigatória podia ter um efeito perverso: procurando manter o controle sobre os recursos financeiros significativos dos sindicatos, seus dirigentes desestimulavam a filiação de novos membros, a fim de evitarem concorrência eleitoral (Cardoso, 2003:211). Isso atingia a representatividade do sindicato e, consequentemente, sua capacidade de oferecer apoio satisfatório ao Estado. Entretanto, o regime varguista carecia de conselhos profissionais e de sindicatos que fossem tanto leais quanto legítimos no âmbito de suas categorias profissionais.

Quase não encontrei indícios nos documentos consultados que sugerissem capacidade de mobilização dos profissionais liberais por seus conselhos ou sindicatos (é possível que isso revele a baixa capacidade de mobilização das entidades). A única exceção com que me deparei diz respeito à OAB. Em 1945, o Conselho Federal e o Conselho do Distrito Federal da OAB organizaram um manifesto de apoio ao candidato udenista à presidência da República, Eduardo Gomes. O documento contou com a adesão de cerca de mil advogados,[49] o que representava entre um quarto e um terço dos advogados atuantes no Rio de Janeiro.

Há mais dados disponíveis para avaliar a eficácia dos conselhos profissionais e dos sindicatos. As maiores vitórias do Sindicato dos Engenheiros no período Vargas foram a regulamentação profissional e a criação do conselho profissional. Talvez o mesmo se possa afirmar do Sindicato dos Médicos. No entanto, a conquista do conselho de medicina, tardia e ocorrida no contexto de crise do Estado Novo, também demonstra certa fragilidade do sindicato.

48. Decreto-Lei nº 5.670, de 15 jul. 1943.

49. *Diário Carioca* (28 jun. 1945:1, 11); *Correio da Manhã* (19 out. 1945:12); *Diário de Notícias* (20 out. 1945: 1ª seção, p. 1, 3); *Jornal do Commercio* (20 out. 1945:4); CF-OAB, Ata de sessão do Conselho Federal, 23 out. 1945.

Isso porque o sindicato batia-se há anos pela criação do conselho profissional, enfrentando forte oposição de setores da categoria profissional, e apenas obteve a medida quando o regime tentava sobreviver, atendendo a demandas de setores que ainda lhe eram leais.[50] É importante, igualmente, lembrar que o Sindicato dos Médicos recebeu do governo um terreno e um empréstimo para construir sua sede. E que o Conselho Federal de Engenharia utilizava as instalações do Ministério do Trabalho (Boletim..., 1945: n. 131, p. 405). Em síntese, os maiores ganhos das entidades corporativas no período estudado foram de natureza institucional: controle sobre as categorias profissionais, instalações e fonte permanente de recursos (pela vigência do imposto sindical e das anuidades pagas aos conselhos profissionais). Para o conjunto dos advogados, engenheiros e médicos, a ação mais importante desenvolvida por seus sindicatos e conselhos profissionais no período estudado provavelmente tenha sido a manutenção de um mercado de trabalho exclusivo.

Encontrei duas avaliações de contemporâneos sobre o poder do Sindicato Médico Brasileiro durante o governo Vargas. Em entrevista concedida na década de 1990, Renato Pacheco Filho, que fora filiado ao sindicato nos anos 1930, mesmo período no qual seu pai foi dirigente da entidade, afirmou que era fraca a representatividade do sindicato e que os médicos não acreditavam nele. E explicou que essa situação se devia à limitação da atuação do sindicato aos médicos que mantinham consultórios, pois, pela lei, a entidade

50. Péres (1974:60-61); Ramos (1974:71-72); Pereira Neto (1998); Vieira (2009:134); A *Manhã* (14 abr. 1945:3; *Diário de Pernambuco* (19 set. 1945:10); *Correio da Manhã* (28 set. 1945:2); FIOCRUZ. Casa de Oswaldo Cruz. Fundo Álvaro Tavares de Souza, ATS/PI/19381240; FIOCRUZ. Casa de Oswaldo Cruz. Depoimentos orais do projeto 1995: 50 anos de criação do Conselho Regional de Medicina do Rio de Janeiro, Entrevista de Carlos Renato Grey concedida em 1994 (BR RJCOC 05-05-02-03-02), fita 6, p. 11-13.

não podia defender os médicos que eram empregados públicos.[51] A outra avaliação foi feita em meados de 1944, quando um grupo de jovens médicos de esquerda ingressou no sindicato. Uma matéria do jornal A *Noite* explicou que os médicos haviam "concluído que as suas reivindicações não chegariam oficialmente ao conhecimento do governo senão por intermédio daquele órgão", malgrado o "reduzido número de associados" da entidade (A *Noite*, 29 jun. 1944:4). O grupo representava os interesses de médicos assalariados em início de carreira.[52] Esse episódio demonstra como uma baixa taxa de filiação não torna necessariamente fraco um sindicato.

Conclusão

Um traço distintivo do corporativismo dos profissionais liberais foi a combinação entre regulamentação profissional e representação de interesses (ocorrida também em regimes fascistas europeus). Imbricado a esse esteve um segundo aspecto próprio ao corporativismo dos profissionais liberais: a coexistência de dois tipos de entidades oficialmente reconhecidas de representação de interesses, os sindicatos e os conselhos profissionais.

A montagem do aparato corporativo foi resultado da interação entre o Estado e os grupos sociais envolvidos. É certo que o Estado

51. FIOCRUZ. Casa de Oswaldo Cruz. Depoimentos orais do projeto 1995: 50 anos de criação do Conselho Regional de Medicina do Rio de Janeiro, Entrevista de Renato Pacheco Filho concedida em 1994 e 1995 (BR RJCOC 05-05-02-03-04), fita 3, p. 49.

52. A *Noite* (29 jun. 1944:4); FIOCRUZ. Casa de Oswaldo Cruz. Depoimentos orais do projeto 1995: 50 anos de criação do Conselho Regional de Medicina do Rio de Janeiro, Entrevista de Carlos Renato Grey concedida em 1994 (BR RJCOC 05-05-02-03-02), fita 6, e Entrevista de Renato Pacheco Filho concedida em 1994 e 1995 (BR RJCOC 05-05-02-03-04), fita 3.

tenha exercido o papel preponderante no processo, mas os grupos sociais não ficaram passivos. No caso dos profissionais liberais, a criação da OAB e do Conselho dos Engenheiros é uma evidência dessa afirmação, pois derivaram antes da demanda das categorias profissionais que de iniciativa do regime. De qualquer modo, o aparato corporativo foi implantado em razão da necessidade de o Estado ampliar sua base de apoio social. Por isso, o regime esforçou-se por lhe dotar de recursos de poder. Entretanto, o poder das entidades corporativas derivava, igualmente, da adesão a elas da parte dos grupos sociais de quem pretendiam ser os porta-vozes. Considerando os dados analisados, podemos afirmar que os sindicatos de profissionais liberais detinham algum poder, mas as entidades corporativas mais relevantes eram os conselhos profissionais, fortalecidos pela filiação obrigatória de suas categorias profissionais.

CAPÍTULO 3

O efeito ambíguo: controle e fortalecimento da sociedade civil[53]

Introdução

Adoto neste livro a perspectiva de que a montagem do aparato corporativo resultou da interação entre o Estado e os grupos sociais nele envolvidos. Deve-se admitir, portanto, posto que empiricamente provado, que a sociedade não restou a reboque de um Estado todo-poderoso. No entanto, reconhecer a agência dos grupos sociais não se confunde com supor sua onipotência. Os recursos de poder com que cada grupo social contava na interação com o Estado eram estrutural e conjunturalmente informados. Assim, a estrutura social dotava as classes dominantes de muito mais poder que os trabalhadores. Ao mesmo tempo, uma conjuntura autoritária, em comparação com uma conjuntura democrática, oferecia ao Estado instrumentos de poder aumentados para se relacionar com a sociedade. De todo modo, ressalto a tendência à predominância do Estado (de natureza bonapartista) na relação com os grupos sociais, o que se explica pela ausência de hegemonia de qualquer segmento das classes dominantes após a derrocada da burguesia cafeeira, em 1930 (Weffort, 1978:51-58).

53. Uma versão anterior e em inglês deste capítulo foi publicada no *Bulletin of Latin American Research*, v. 41, n. 2, p. 272-286, 2002. A pesquisa que o originou foi financiada pelo CNPq.

No entanto, proponho que a primazia estatal não impôs como contrapartida necessária a passividade dos grupos sociais, pois eles preservaram, ao menos parcialmente, a capacidade de iniciativa e de gerar pressões que, por vezes, mudaram o rumo de ações definidas pelo Estado. Além disso, essa abordagem tem permitido perceber que a relação entre Estado e sociedade implicou, frequentemente, ganhos e perdas para os dois lados, aspecto que procuro explorar.

O debate com os autores que propuseram interpretações de conjunto para o corporativismo latino-americano permitiu complementar o enquadramento teórico-metodológico de meu objeto. Por isso, faço a seguir uma breve revisão crítica dos autores cujos trabalhos se mostraram mais rentáveis para minha reflexão. Inicio por Alfred Stepan, que propõe uma distinção entre regimes que adotaram políticas corporativistas inclusivas e exclusivas. Segundo Stepan, a clivagem residia na conduta dos regimes em face dos trabalhadores. Enquanto o primeiro tipo de regime se esforçava para incorporar politicamente e economicamente uma quantidade importante da classe trabalhadora, o segundo tipo apoiava-se fortemente em políticas coercitivas para desorganizar e, depois, reorganizar a classe trabalhadora (Stepan, 1980: 100). O autor inclui o corporativismo varguista na categoria inclusiva. A tipologia proposta por Stepan, ao menos para o caso brasileiro, tem fraca capacidade analítica. Na realidade, o aparato corporativo do período Vargas incorporou determinados setores da classe trabalhadora e expulsou outros, destacadamente os comunistas. Ademais, a desmobilização seguida de nova organização da classe trabalhadora, que Stepan descreve como o movimento típico do corporativismo exclusivo, foi exatamente aquela realizada pelo governo Vargas em relação ao operariado.

Philippe Schmitter, igualmente, sugere uma tipologia binária para os corporativismos implantados no século XX. De uma parte, segundo o autor, o corporativismo estatal correspondeu às necessidades de um capitalismo atrasado e dependente (como o vigente na América Latina), que procurou garantir estabilidade social pela repressão e exclusão da organização autônoma dos trabalhadores. Nessas sociedades, a burguesia era frágil e fragmentada. Esse tipo de corporativismo desenvolveu-se em regimes autoritários e seus atributos fundamentais eram seu caráter dependente e penetrado (*penetrated*). Por outro lado, o corporativismo societal alinhou-se às demandas de sociedades que tinham economias capitalistas avançadas (emergindo, de modo paradigmático, nos estados de bem-estar social) e procurou incorporar os trabalhadores no processo político. Assim, esse corporativismo era autônomo e penetrativo (*penetrative*) (Schmitter, 1974:85-131). A associação que Schmitter faz entre cada um dos corporativismos e um determinado contexto sociopolítico-econômico é o aspecto mais relevante de sua tipologia. Ademais, o contraste que sugere entre uma natureza predominantemente coercitiva do corporativismo estatal e uma feição negocial e colaborativa do corporativismo societal tem um bom grau de pertinência, especialmente no que diz respeito aos trabalhadores. No entanto, a classificação de Schmitter não dá conta do caráter dinâmico das relações entre Estado e grupos sociais no interior de um arranjo corporativo, nem das diferenças de relacionamento entre o Estado e cada um dos grupos sociais envolvidos.

Esse segundo aspecto é abordado por Guillermo O'Donnell, que destaca duas características básicas do corporativismo latino-americano: seu caráter bifronte e sua segmentação. O caráter bifronte remete aos efeitos estatizante e privatista do corporativismo latino-americano. De um lado, era estatizante, ao "promove[r] a conquista por parte do Estado, e a consequente subordinação a esse, de organizações da sociedade civil" (O'Donnell, 1998:122, tradução minha). De outro lado, era privatista, na medida em que permitia "a abertura de áreas institucionais do próprio Estado à representação de interesses organizados da sociedade civil" (O'Donnell, 1998:122, tradução minha). No período Vargas, o corporativismo privatista funcionou para as classes dominantes principalmente pela participação nos conselhos econômicos. Para as classes médias, vigorou por meio dos conselhos profissionais, que entregaram atribuições estatais aos grupos profissionais. Para os trabalhadores, prevaleceu o padrão estatizante, que estabeleceu controles sobre sua ação coletiva. Como se vê, além de bifronte, o corporativismo latino-americano era segmentado, o que significa dizer que ele tomava formas diferenciadas de acordo com a classe social (O'Donnell, 1998:123). Assim, o corporativismo, no período Vargas, tinha um efeito majoritariamente de controle sobre a classe trabalhadora (ou seja, de "estatização") e de abertura do Estado às classes dominantes (ou seja, de privatização). Resta enfatizar o primeiro ponto mencionado, ou seja, o caráter dinâmico das relações entre Estado e sociedade no corporativismo.

O mecanismo de controle social colocado à disposição do Estado pela criação do aparato corporativo não funcionava como um moto-perpétuo, pois ele precisava ser cotidianamente atualizado pelo Estado. Também sua intensidade variava, de um lado, em função da vontade e da capacidade de o Estado exercer coerção, de outro, da capacidade de os grupos sociais resistirem a ela. Embora o regime tivesse à disposição recursos de controle sindical desde seu início, eles passaram a ser usados com maior frequência e força a partir de meados da década de 1930, quando o governo decidiu assumir uma postura predominantemente repressiva em relação à esquerda e ao movimento operário.[54] Por outro lado, nos últimos anos do Estado Novo, em razão da distensão política, o controle sobre o aparato corporativo arrefeceu-se. Portanto, parece-me importante apreender o aparato corporativo de uma perspectiva diacrônica, atentan-

54. Antunes (1982:115); Gomes (1988:181-195); Fortes (1999:37).

do-se para as alterações do seu funcionamento, sob o impacto das distintas conjunturas políticas.

Este capítulo propõe-se a examinar o impacto da introdução da organização corporativa sobre a autonomia da sociedade civil durante o primeiro governo Vargas. Trato, recorrendo à literatura especializada, da incorporação das classes dominantes e dos trabalhadores urbanos ao aparato corporativo, mas enfatizo, fazendo uso de fontes primárias, a participação nele dos profissionais liberais. Isso me pareceu pertinente para iluminar a relação das classes médias (representadas aqui pelos profissionais liberais e, com menos importância, pelos bancários) com o Estado em chave corporativista, tema praticamente ignorado pela produção acadêmica.

Estado, sociedade e a questão da autonomia

A implementação do corporativismo como fórmula de representação dos grupos sociais perante o Estado beneficiava o controle desse sobre a sociedade e, portanto, atentava contra a autonomia societal. Justamente em razão do tolhimento da ação coletiva dos grupos sociais, o corporativismo favorecia a autonomia do Estado em relação à sociedade. No entanto, como procurarei demonstrar, não se tratava de uma autonomia plena. Admitir algum nível de autonomia estatal ou societal não significa assinalar ausência de interação entre as duas esferas. Frequentemente, a relação que se estabelece entre Estado e sociedade é de mútua determinação, ainda que um dos dois polos seja mais forte. Na própria montagem do aparato corporativo na Era Vargas, levado a cabo por um Estado dotado de grande parcela de autonomia, evidenciou-se o limite dessa autonomia, pois o Estado acabou por ceder a resistências e iniciativas do empresariado e dos profissionais liberais. Ao fim do Estado Novo, a sociedade pôde se expressar e organizar com maior liberdade, aumentando, portanto, sua autonomia em relação ao Estado e interagindo com ele em termos menos assimétricos. E, para complementar o argumento que é central neste capítulo, a autonomização societal deveu-se, ao menos parcialmente, ao uso mais independente pelos grupos sociais dos recursos de poder (sindicatos e conselhos profissionais) que o Estado havia criado para seu controle.

Em obra coletiva que se tornou influente, Peter Evans, Dietrich Rueschmeyer e Theda Skocpol admitem que os Estados possam ter algum grau de autonomia, mas recusam as abordagens que eles atribuem ao marxismo poulantziano e ao weberianismo vulgar. A primeira perspectiva estabeleceria uma relação positiva entre autonomia do Estado, capacidade estatal e incremento do poder das elites estatais e das classes dominantes (uma vez que elas seriam beneficiárias das ações estatais). A segunda perspectiva suporia, ao contrário, uma relação de soma zero: um Estado autônomo e com alta capacidade de ação (autonomia e capacidade estatal seriam indissociáveis nessa perspectiva) conduziria ao enfraquecimento da sociedade, ao passo que uma sociedade politicamente bem organizada levaria a um Estado menos autônomo. Com base nos estudos de caso contidos no livro, os organizadores propõem uma variedade de combinações entre autonomia e capacidade estatal, compreendida como capacidade do Estado para intervir de modo eficaz na vida socioeconômica (Evans, Rueschmeyer e Skocpol, 2002:350-357). Os tipos de combinação entre autonomia e capacidade estatal, segundo eles, dependem de "conjunturas da estrutura estatal, das relações dos Estados com as sociedades e com o ambiente transnacional, e a natureza dos desafios enfrentados por esses Estados" (Evans, Rueschmeyer e Skocpol, 2002:356, tradução minha).

Quase 10 anos depois da publicação de *Bringing the State back in*, Joel Migdal, Atul Kohli e Vivienne Shue publicaram outra obra coletiva, contrapondo-se ao que consideravam uma abordagem *sta-*

te-oriented da primeira. Os organizadores de *State power and social forces* reivindicaram uma *state-in-society perspective*. Como tentarei apontar, alguns aspectos da elaboração teórica contida nesse livro são bastante úteis para a compreensão das relações entre Estado e sociedade na Era Vargas. Nele, os autores propõem que a formação do Estado e da sociedade e as transformações pelas quais passam são antes processos marcados pela reciprocidade que pela autonomia. E acrescentam que os Estados raramente são os únicos atores centrais nas sociedades e quase nunca são inteiramente autônomos em relação aos grupos sociais. O pressuposto da primazia do Estado poderia levar à visão de que os Estados, em *low-income settings*, são sempre o ator social mais importante (Kohli e Shue, 2007:293, 321; Migdal, Kohli e Shue, 2007:2). Estou de acordo com essas proposições, porém com uma ressalva importante: no Brasil, o Estado, especialmente na Era Vargas, é tendencialmente o ator mais poderoso.

Ademais, os organizadores questionam a tese de que uma acentuada autonomia perante a sociedade permita às elites estatais maior sucesso na consecução de seus objetivos políticos. Os estudos de caso expostos no livro, ao contrário, sugerem que uma maior autonomia estatal pode resultar em maiores dificuldades para o Estado implementar suas políticas (Kohli e Shue, 2007:304-322). De fato, foi muito importante ao governo Vargas estabelecer alianças com os grupos sociais para atingir determinados objetivos. Desse modo, o regime usou as interventorias para cooptar as oligarquias estaduais a fim de consolidar seu poder pelo território brasileiro. Também empregou os organismos corporativos para atrair o empresariado e impulsionar a industrialização. Finalmente, permitiu a criação dos conselhos profissionais, tornando a regulamentação profissional mais eficaz e atraindo o apoio dos profissionais liberais.

Esses exemplos nos levam a outra proposição importante dos organizadores da obra: a de que o resultado das interações entre

Estado e sociedade não é, necessariamente, zero. É possível que o Estado e os grupos sociais ganhem mais poder ao interagirem. Os organizadores propõem a metáfora da riqueza para afirmar que o poder possa ser acumulado ou dividido (Kohli e Shue, 2007:321-323; Migdal, Kohli e Shue, 2007:4). Nos exemplos enumerados, houve ganhos tanto para o Estado quanto para os grupos sociais. Para o Estado, o ganho mais evidente, embora não tenha sido o único, foi o fortalecimento de sua base social. Do lado da sociedade, as oligarquias reafirmaram seu poder nos estados, os industriais obtiveram concessões materiais e aumentaram sua representação política e os profissionais liberais conseguiram o fechamento de seu mercado profissional. Acrescento que há situações nas quais um grupo social, na interação com o Estado, perde em um campo e ganha em outro. Assim, os trabalhadores urbanos na Era Vargas ao mesmo tempo que perderam (em boa medida) sua liberdade de organização, adquiriram direitos trabalhistas (malgrado a resistência patronal).

Há mais uma proposição teórica em *State power and social forces* que vale a pena ser cotejada com a realidade histórica analisada neste capítulo. Segundo os organizadores da obra, o comportamento político e os recursos de poder dos grupos sociais são parcialmente contingentes. Ou seja, a ação política e a influência de determinado grupo social não derivam inteiramente da posição que ocupa na estrutura social. De todo modo, prosseguem os autores, a propriedade é um recurso político poderoso e os que a detêm geralmente obtêm o que querem na política. Os organizadores, porém, afirmam que um equilíbrio de poder entre proprietários e não proprietários é possível (Kohli e Shue, 2007:318-319; Migdal, Kohli e Shue, 2007:3-4). Concordo com o conjunto da tese, mas acentuo que na Era Vargas o poder dos grupos sociais, embora variasse de acordo com a conjuntura, era, em boa medida, estruturalmente determinado. A assimetria de recursos de poder entre os grupos sociais levou a enquadramentos diferenciados no aparato corporativo, como argumento neste livro. Ele também explica que os trabalhadores tenham suportado os maiores custos do esforço de guerra brasileiro na primeira metade da década de 1940 (Cytrynowicz, 2000:199-227) e que a concentração de renda tenha se elevado substancialmente no país entre 1930 e 1945 (Souza, 2018:287-299).

Apesar das críticas dos editores de *Bringing the State back in*, as formulações teóricas de Poulantzas, especialmente as presentes em *State, power, socialism*, possibilitam uma compreensão mais adequada acerca da questão da autonomia do Estado varguista. Segundo Poulantzas, o papel fundamental desempenhado pelo Estado capitalista é organizar as classes dominantes; em outras palavras, o Estado articula os interesses políticos de longo prazo das classes dominantes. É possível ao Estado o desempenho de tal função graças a sua autonomia relativa em relação a interesses particulares ou setoriais inscritos no interior das classes dominantes. Desse modo, o autor sublinha a "materialidade" do Estado, que o distingue da sociedade e permite a ele manter-se parcialmente independente em relação à sociedade. Assim, Poulantzas afirma rejeitar tanto a concepção instrumentalista marxista (que interpreta o Estado como inteiramente manipulável pelas classes dominantes e passivo em relação a elas) quanto a concepção weberiana (que admite uma autonomia integral do Estado em relação à sociedade). A maneira adequada de considerar o Estado é como uma relação: "a condensação material de tal relação entre as classes e as frações de classes" (Poulantzas, 2000:128, tradução minha). O Estado é, portanto, atravessado pelas contradições de classe, de que a política estatal é resultado. Assim, o Estado não é monolítico; os distintos aparelhos de Estado são disputados por diferentes classes e frações de classe e a influência exercida por cada uma delas nos diversos ramos e aparelhos de Estado é variável. E é justamente o caráter contraditório dos interesses sociais inscritos no interior do Estado que permite explicar sua autonomia relativa: "Sua autonomia se manifesta concretamente em medidas diversas e contraditórias que cada uma dessas classes e frações de classes, por meio de sua presença específica no Estado e o consequente jogo de contradições, logra ter integrado à política de Estado" (Poulantzas, 2000:135, tradução minha).

A literatura brasileira que examina a autonomia relativa do Estado varguista mantém forte afinidade com as proposições de Poulantzas, ainda que uma parte dela tenha sido produzida ainda na década de 1960. Mencionarei apenas as análises de Francisco Weffort e de Sônia Draibe, que, combinadas, oferecem a explicação sobre a autonomia do Estado brasileiro pós-1930 à qual adiro. Para Weffort, o Estado varguista manteve certa autonomia em relação às classes dominantes, embora, em última instância, protegesse seus interesses fundamentais. No entanto, o Estado era capaz de se manter distanciado dos interesses imediatos das classes dominantes, atuando, de fato, como um árbitro. Nenhuma de suas frações foi capaz de assumir a liderança política das classes dominantes (ou a hegemonia, para usar o conceito gramsciano empregado por Weffort). Assim, a representação das classes dominantes a partir de 1930 foi desempenhada pelo Estado. No entanto, desse arco social que passou a suportar o Estado também faziam parte as classes médias e os trabalhadores urbanos. O esforço de Vargas foi o de conciliar todos esses interesses diferentes e, por vezes, conflitantes (Weffort, 1978:69-71).

Concordando com esses aspectos da análise de Weffort, Sônia Draibe avançou na compreensão da autonomia relativa usufruída pelo Estado varguista. A autora propõe que os limites para a ação independente do Estado eram estabelecidos pela correlação de forças entre os grupos sociais em disputa. A correlação de forças era estabelecida no âmbito da luta política concreta e marcada pela historicidade, ou seja, alterava-se ao longo do tempo. De sua parte, o Estado, embora procurasse atender os interesses de todos os grupos sociais (ainda que estivesse comprometido com a manutenção de uma ordem social que beneficiava as classes dominantes), perseguia um dado projeto (que incluía o desenvolvimento do capitalismo industrial). Nas palavras de Draibe, a ação estatal (ou, mais precisamente, a ação de Vargas e da elite dirigente) era dotada de sentido: "O sentido da ação estatal dizia respeito a uma forma determinada de hierarquizar interesses sociais, ao definir e articular de um certo modo as várias questões [...] por meio de seus planos e políticas" (Draibe, 2004:35). Draibe sublinha que o estabelecimento de sentido na ação estatal era delimitado pelo balanço das disputas travadas pelos grupos sociais no campo político. Mas, dialeticamente, o Estado, ao atuar, contribuía para modificar a correlação de forças entre os grupos sociais. Assim, por exemplo, ao desempenhar o papel de agente econômico e beneficiar a industrialização, o Estado favoreceu o ganho de poder por parte do empresariado industrial e dos trabalhadores fabris e contribuiu para enfraquecer o poder do capital comercial (Draibe, 2004:34-37).

A incorporação dos grupos sociais ao aparato corporativo

A organização do aparato corporativo ampliou o acesso dos grupos sociais ao Estado, pela oficialização dos sindicatos e pela introdução de novos canais de representação (conselhos econômicos, conselhos profissionais e representação classista no legislativo). No entanto, a participação no aparato corporativo implicava aceitar as regras do jogo estabelecidas predominantemente pelo regime, cioso esse de manter os grupos sociais sob controle.

Assim, os sindicatos, a partir de 1931, apenas existiam, do ponto de vista legal, mediante o reconhecimento do Estado e pelo cumprimento de uma série de requisitos legais. Eles precisavam solicitar ao Ministério do Trabalho o seu reconhecimento, enviando seus estatutos, ata de instalação e lista de sócios, a depender da lei de sindicalização em vigor. O governo também estabelecia seu território de atuação e o número mínimo de sócios que deveria ter para funcionar.[55] As leis de sindicalização estabeleciam que os sindicatos fossem órgãos de colaboração com o Estado. A lei de 1939 previu mesmo que um dos deveres dos sindicatos fosse "promover a conciliação nos dissídios do trabalho".[56] Também a existência dos conselhos profissionais emanava do Estado, ainda que sua criação tenha sido resultado especialmente da iniciativa das elites profissionais. Pela letra da lei, a OAB constituía um "serviço público federal".[57] Tanto os sindicatos quanto os conselhos profissionais deveriam restringir suas atividades a questões diretamente relacionadas com a categoria que representavam e aos limites estabelecidos pela lei.

É verdade que setores das classes médias e as classes dominantes lograram influenciar a elaboração da legislação que estabelecia os contornos do funcionamento de órgãos de natureza corporativa, o que se evidencia pela grande participação dos advogados e engenheiros na elaboração dos estatutos de seus conselhos profissionais.[58] E, igualmente, na reação do empresariado às leis de sindicalização. Os empresários, embora aceitassem o controle governamental sobre os sindicatos operários, recusavam a pretensão do regime em interferir na sua própria organização e procuraram preservar suas associações privadas já existentes. A partir de mea-

---

55. Artigos 1º a 3º do Decreto nº 19.770, de 19 mar. 1931; artigos 5º a 12 do Decreto nº 24.694, de 12 jul. 1934; artigos 5º a 9º do Decreto-Lei nº 1.402, de 5 jul. 1939; artigos 515 a 520 do Decreto-Lei nº 5.452, de 1º maio 1943.
56. Artigo 6º do Decreto nº 19.770, de 19 mar. 1931; artigo 2º do Decreto nº 24.694, de 12 jul. 1934; artigo 4º do Decreto-Lei nº 1.402, de 5 jul. 1939; artigo 514 do Decreto-Lei nº 5.452, de 1º maio 1943.
57. Artigo 2º do Decreto nº 22.478, de 10 fev. 1933.
58. Los Rios Filho (1947:20-21); Venâncio Filho (1982:21-36); Telles (1993:699); *Revista Senge-RJ* (2011:9).

dos da década, a oposição à sua incorporação ao sindicalismo corporativo começou a arrefecer, especialmente entre os industriais e os comerciantes. Em negociação com o Estado, as classes proprietárias puderam manter, e mesmo expandir, suas associações de classe não corporativas. Ao mesmo tempo, obtiveram uma flexibilização da legislação sindical que lhes permitiu uma organização corporativa mais benéfica e distinta em relação à imposta aos trabalhadores.[59] Tais concessões da parte do Estado resultaram do reconhecimento dos recursos de poder de que as classes proprietárias eram detentoras. No caso dos industriais paulistas, como mostra Vanda Costa, a capacidade de barganha derivava "do fato de que a implementação das leis trabalhistas dependia basicamente de sua adesão" (Costa, 1999:188).

O regime varguista permitiu, igualmente, que as classes médias mantivessem suas entidades não corporativas. Os advogados, engenheiros e médicos tinham uma tradição associativa que remontava ao Império. Esse associativismo dos profissionais liberais contava com uma capilaridade significativa, espalhando-se pelas principais cidades do Brasil. Isso ficou comprovado quando uma comissão instituída, em 1938, pelo governo para estudar a criação da Ordem dos Médicos Brasileiros recebeu sugestões de cerca de 20 entidades médicas, das quais algumas eram sindicatos, mas a maioria delas eram associações, como a Sociedade de Medicina de Alagoas, a Associação Paulista de Medicina, o Centro Médico Cearense, a Sociedade de Medicina e Cirurgia de Niterói e a Sociedade Médica de Uruguaiana.[60]

Além de alargarem seus canais de representação junto ao Estado, as profissões liberais auferiram outro ganho importante com a

59. Leopoldi (1984:48-49, 62-63, 368, 392-392); Gomes (1979:242-252, 311); Diniz e Boschi (1991:19); Costa (1999:134, 181-188).

60. CPDOC-FGV, Arquivo Gustavo Capanema, GC h 1938.01.08, documentos 68-339.

introdução do aparato corporativo: o controle sobre a regulamentação profissional, pela criação dos conselhos dos advogados, dos engenheiros e dos médicos (o último apenas em 1945). Os conselhos profissionais coexistiram com os sindicatos, dotando aquelas categorias de profissionais liberais de uma representação dual no interior do aparato corporativo (Vannucchi, 2016b:471-499). O reverso da expansão dos canais de expressão de interesses das profissões liberais foi sua fragmentação, já que sua organização era perpassada pela clivagem da categoria profissional e, quase sempre, seguia a lógica da atuação municipal ou estadual. Assim, neste período, não se constituiu qualquer entidade que pudesse reivindicar-se com um mínimo de legitimidade porta-voz das profissões liberais, em seu conjunto. A Confederação Nacional das Profissões Liberais surgiu apenas na década de 1950 e jamais teve significativa expressão política (Schmitter, 1971:203-204).

O empresariado, ainda na década de 1930, foi convocado a participar de agências de natureza corporativa incumbidas de assuntos econômicos, como o Conselho Federal de Comércio Exterior e o Conselho Técnico de Economia e Finanças. Esses organismos permitiam que os empresários negociassem diretamente com a burocracia estatal questões de seu interesse: tarifas, comércio exterior, crédito, impostos, legislação sindical e social (Leopoldi, 1984:381-382). Por outro lado, esse estilo de participação, como apontaram Eli Diniz e Renato Boschi, fragmentava a organização dos industriais (à semelhança do que ocorria com os profissionais liberais) e mantinha as instâncias decisórias superiores do Estado inteiramente controladas pelo Executivo (Diniz, 1978:286-287; Boschi, 1979:71-72).

A permissão para que as associações paralelas às entidades corporativas constituídas pelas classes médias e pelas classes dominantes continuassem a funcionar e seu reconhecimento pelo Estado como porta-vozes desses grupos resultavam em certo enfraquecimento do controle estatal sobre a organização de interesses dos mesmos. Ao operariado, entretanto, o regime impôs a substituição do sindicalismo livre pelo sindicalismo oficial, promovido a único canal de representação dos interesses dos trabalhadores. Consequentemente, a autonomia da organização operária foi tolhida de modo muito mais severo que a dos outros grupos sociais. A inserção dos trabalhadores no aparato sindical oficial foi fortemente permeada pela coação estatal. Houve resistência das correntes sindicais de esquerda, que mantiveram funcionando, por algum tempo, os sindicatos independentes. O governo acenava com vantagens à adesão ao sindicalismo oficial, mas, igualmente, dispensava frequente repressão policial contra o sindicalismo livre.[61] Em 1933, as correntes de esquerda, com exceção dos anarquistas, decidiram ingressar no aparato sindical oficial, motivadas por duas razões básicas: a) a sindicalização oficial dava acesso aos benefícios sociais previstos na legislação; b) ela também permitia a participação na escolha dos representantes classistas na Assembleia Nacional Constituinte (Gomes, 1988:177-181; Silva, 2000:405).

É preciso admitir que, embora o sindicalismo corporativo tenha resultado em perda da autonomia da representação operária, ele, simultaneamente, reforçou a organização dos trabalhadores. Desde a Primeira República, o patronato resistia fortemente ao reconhecimento da legitimidade do sindicalismo operário. Assim, a oficialização dos sindicatos de trabalhadores a partir da década de 1930 trouxe como reverso à perda de sua autonomia (ao menos parcialmente) uma proteção contra a oposição patronal. Ademais, ela incentivou a formação de sindicatos em locais e categorias profissionais nos quais eles não estavam organizados (Harding, 1973:75-76; Arêas, 2000:235).

---

61. Gomes (1979:239-252; 1988:257-287, 327-329); French (1995:49-52); Araújo (2002:32-52).

Os mecanismos de controle estatal sobre as entidades corporativas

Proponho avaliar a efetividade do controle exercido pelo Estado sobre as entidades corporativas durante o primeiro governo Vargas com base em três aspectos: a) a seleção dos dirigentes das entidades corporativas; b) sua atuação; c) suas fontes de financiamento.

a) A seleção dos dirigentes das entidades corporativas. Enquanto a lei de sindicalização de 1931 não previsse qualquer controle explícito do Estado sobre a escolha da direção sindical, a lei de 1934, que a substituiu, estabeleceu o poder de veto do governo à escolha de dirigentes sindicais, ao determinar que não poderiam pertencer à direção dos sindicatos "os que tiverem má conduta, demonstrada por autoridade pública competente". No Estado Novo, o controle legal sobre as direções sindicais tornou-se mais rígido. Assim, a lei de sindicalização de 1939 interditava a direção das entidades aos "que professarem ideologias incompatíveis com as instituições ou os interesses da Nação" e aos "que tiverem má conduta". Ademais, os candidatos eleitos só poderiam assumir seus cargos de direção após aprovação governamental. Garantia-se, por tais dispositivos, poder de veto do governo às escolhas feitas pelos filiados dos sindicatos. A Consolidação das Leis do Trabalho (CLT), editada em 1943, manteve os dispositivos da lei de 1939.[62] Ademais, o governo poderia destituir dirigentes sindicais, em caso de infração à lei sindical, e nomear interventores em seu lugar. A partir de 1939, a lei previu que o Ministério do Trabalho regularia as eleições sindicais e poderia nomear os presidentes das seções eleitorais.[63]

62. Decreto nº 19.770, de 19 mar. 1931; artigo 15 do Decreto nº 24.694, de 12 jul. 1934; artigos 19 a 21 do Decreto-Lei nº 1.402, de 5 jul. 1939; artigos 530 a 532 do Decreto-Lei nº 5.452, de 1º maio 1943.

63. Artigo 16 do Decreto nº 19.770, de 19 mar. 1931; artigos 17, 20 e 43 do Decreto-Lei nº 1.402, de 5 jul. 1939; artigos 528, 531 e 553 do Decreto-Lei nº 5.452, de 1º maio 1943.

Assim, um dos efeitos da legislação sindical foi desestimular a emergência de dirigentes sindicais hostis ao governo (O'Donnell, 1998:147). No seu livro sobre o movimento operário do ABC paulista, John French observa que os sindicatos de trabalhadores da região, depois da forte repressão estatal de meados da década de 1930, passaram a escolher dirigentes politicamente moderados, para serem aceitos pelas autoridades. Entretanto, quando se iniciou a distensão do Estado Novo, os comunistas assumiram a direção de sindicatos locais (French, 1995:78-84). Alexandre Fortes aponta que o Sindicato dos Metalúrgicos de Porto Alegre foi dominado pelos comunistas até meados da década de 1930, quando esses foram afastados pela repressão governamental. Em 1937, o sindicato passou a ser dirigido por uma junta interventora. Com a distensão do Estado Novo, os comunistas voltaram à direção da entidade (Fortes, 1999:25-41).

Os advogados e os engenheiros gozavam de maior autonomia (ao menos formalmente) para escolher os dirigentes de seus conselhos profissionais do que para eleger os dirigentes de seus sindicatos. A quase totalidade dos integrantes do Conselho Federal de Engenharia era escolhida por instituições de ensino superior e pelas categorias profissionais que lhe eram subordinadas. Entretanto, o presidente do conselho, que tinha poder de veto sobre qualquer decisão do órgão, era indicado pelo governo federal.[64] Por sua vez, os advogados, legalmente, gozavam de plena autonomia para escolher os dirigentes da OAB, sem qualquer veto ou validação do governo.[65]

É importante registrar que os dirigentes dos conselhos profissionais e dos sindicatos de profissionais liberais mantiveram uma relação de apoio e de proximidade com o governo, ao menos até a crise do Estado Novo. Esse comportamento não pode ser atribuído somente ao controle exercido pelo regime sobre as entidades cor-

64. Artigos 20 e 23 do Decreto nº 23.569, de 11 dez. 1933.
65. Decreto nº 22.478, de 20 fev. 1933.

porativas. Ele parecia advir, também, do cálculo dos dirigentes de que a proximidade com o governo lhes renderia ganhos. De todo modo, a atitude colaboracionista não deixava de acarretar perda de autonomia por parte das entidades corporativas.

Cerca de um mês depois do golpe do Estado Novo, uma comissão formada por dirigentes das principais entidades de engenheiros do país, entre as quais o Sindicato dos Engenheiros do Rio de Janeiro[66] e o Conselho Federal de Engenharia, visitou Vargas e empenhou-lhe apoio (Vargas, 1995:92; *Diário Carioca*, 12 dez. 1937:4). Em dezembro de 1944, o presidente da 8ª Região do Conselho de Engenharia (com sede em Porto Alegre), Lelis Espartol (que, em julho daquele ano, juntamente com o presidente do Conselho Federal de Engenharia, Morales de Los Rios, visitara Vargas no Palácio do Catete) (*Jornal do Brasil*, 13 jul. 1944:6), declarou seu apoio ao regime ao jornal A *Noite* nestes termos:

> O Brasil está vivendo uma fase decisiva de sua história e de seu progresso; caminha a passos gigantescos para a industrialização intensiva e completa sob a orientação segura, patriótica e decisiva do governo federal, na pessoa do eminente presidente Getúlio Vargas, que vem amparando, sob todas as formas, todo o trabalho produtivo, a fim de robustecer nossa estrutura econômica [A *Noite*, 7 dez. 1944:3].

Os dois primeiros presidentes da OAB estiveram próximos do governo, especialmente Levi Carneiro, que presidiu a entidade até 1938 e fez parte da elite intelectual e burocrática do regime (Miceli, 2001:209-211, 270-272). Seu sucessor, Fernando de Melo Viana,

66. Fundada no Rio de Janeiro em 1931, o primeiro nome da entidade foi Sindicato Central dos Engenheiros. Em 1933, passou a chamar Sindicato Nacional dos Engenheiros. E, em 1941, mudou o nome para Sindicato dos Engenheiros do Rio de Janeiro.

manteve encontros com Vargas e seu ministro da Justiça para obter recursos para a entidade.[67]

Quando o Estado Novo completou um ano, o jornal *Diário Carioca* pediu a vários sindicatos declarações sobre a efeméride. O presidente do Sindicato dos Médicos,[68] Tavares de Souza, declarou:

> O Sindicato Médico Brasileiro [...] recebeu confiante e otimista o advento do Estado Novo.
> Vê no fortalecimento do sistema sindical, pela unificação da profissão sob a égide do Estado, oportunidade da integração de todas as classes sociais no concerto da atual organização política e, destarte, mais nitidamente estabelecido o salutar contato, sem intermediários, entre o governo e o povo [*Diário Carioca*, 10 nov. 1938:15].

Durante quase todo o Estado Novo, o Sindicato dos Advogados[69] deu várias demonstrações de apoio ao regime. Pouco depois da outorga da Constituição Federal de 1937, Aurélio Silva, presidente do sindicato, elogiou-a publicamente. Na mesma reunião, o sindicato decidiu promover o estudo e a divulgação da nova carta (*Correio da Manhã*, 18 nov. 1937:4). Assim, ao longo de ao menos um ano, o sindicato organizou palestras sobre diferentes aspectos da nova constituição. O ciclo foi aberto por uma palestra realizada pelo ministro da Justiça, Francisco Campos (*Correio da Manhã*, 5 dez. 1937:2; *Jornal do Brasil*, 1º dez. 1938:12). Em outubro de 1938, Aurélio Silva, na condição de presidente do sindicato, foi recebido por Var-

---

67. CF-OAB, Ata de sessão do Conselho Federal, 18 out. 1938; CF-OAB, Ata de sessão do Conselho Federal, 24 out. 1939.
68. Fundado no Rio de Janeiro em 1927, o Sindicato Médico Brasileiro alterou seu nome, no início da década de 1940, para Sindicato dos Médicos do Rio de Janeiro.
69. O primeiro nome da entidade foi Sindicato Brasileiro de Advogados. No início da década de 1940, tornou-se Sindicato dos Advogados do Rio de Janeiro.

gas para apresentar reivindicações em nome da categoria profissional (*Diário de Notícias*, 18 out. 1938:16). Em entrevista concedida ao jornal A *Manhã*, em outubro de 1941, o secretário-geral do sindicato, Carlos Medeiros Jansen, afirmou que a prioridade do sindicato era a "aproximação imediata da classe com o governo, despertando os advogados para a realidade das coisas". E, depois, acrescentou: "Vivemos no Estado Novo. O advogado precisa com ele cooperar e nele progredir. Esse será o lema do Sindicato dos Advogados do Rio de Janeiro" (A *Manhã*, 8 out. 1941:6). Em 1942, o ministro do Trabalho, Marcondes Filho, a convite do sindicato, presidiu a solenidade de posse da nova diretoria (A *Manhã*, 2 jul. 1942:6).

b) A atuação das entidades corporativas. O Ministério do Trabalho fiscalizava as finanças e as atividades dos sindicatos, que eram obrigados a enviar com regularidade relatórios sobre suas atividades.[70] Além disso, a lei de sindicalização de 1931 previa a possibilidade de delegados do Ministério do Trabalho assistirem às assembleias das entidades sindicais.[71] As leis de sindicalização subsequentes não previram tal possibilidade. De todo modo, a prática permaneceu. Encontrei referência à presença de representante do ministério em assembleia do Sindicato dos Engenheiros do Rio de Janeiro realizada em 1941 (*Jornal do Commercio*, 3 set. 1941:9). Nas atas das assembleias do Sindicato dos Advogados do Rio de Janeiro, há registros de presença de funcionários do ministério, como nas reuniões ocorridas em 30 de junho de 1943 e 31 de maio de 1944.[72] Segundo o presidente do Sindicato dos Advogados, em discurso

---

70. Artigos 4 e 15 do Decreto nº 19.770, de 19 mar. 1931; artigo 22 do Decreto nº 24.694, de 12 jul. 1934; artigos 40 e 41 do Decreto-Lei nº 1.402, de 5 jul. 1939; artigos 550 e 551 do Decreto-Lei nº 5.452, de 1º maio 1943.

71. Artigo 15 do Decreto nº 19.770, de 19 mar. 1931.

72. Arquivo do Sindicato dos Advogados do Rio de Janeiro. Ata do Sindicato Brasileiro de Advogados, 30 jun. 1943; Arquivo do Sindicato dos Advogados do Rio de Janeiro. Ata do Sindicato Brasileiro de Advogados, 31 maio 1944.

proferido em junho de 1945, a presença de um funcionário do Ministério do Trabalho era frequente nas assembleias da entidade. Também segundo ele, essas reuniões só podiam ocorrer mediante a autorização do ministério (*Diário de Notícias*, 13 jun. 1945:3-4).

Os sindicatos, igualmente, estavam sujeitos à vigilância da polícia política. Numa publicação comemorativa dos 80 anos de sua existência, o Sindicato dos Engenheiros do Rio de Janeiro reproduziu uma autorização que lhe foi concedida pela polícia política do Distrito Federal para realizar, no início de 1938, uma assembleia. No documento, assinalava-se que a reunião seria acompanhada por um agente policial (*Revista Senge*-RJ, 2011:10). John French menciona uma maior colaboração entre o Departamento Estadual do Trabalho e a polícia política em São Paulo a partir de 1939 no monitoramento das atividades sindicais. As reuniões dos sindicatos precisavam de autorização policial e, frequentemente, eram acompanhadas por um agente da polícia. Além disso, os candidatos às direções dos sindicatos eram obrigados a solicitar um "atestado ideológico" na polícia política (French, 1995:75).

As penalidades que o governo podia impor aos sindicatos que infringissem dispositivos das leis de sindicalização incluíam multas e fechamento dos sindicatos.[73] Note-se que as leis de sindicalização proibiam que os sindicatos fizessem propaganda de "ideologias sectárias" ou de "doutrinas incompatíveis com as instituições e os interesses da Nação".[74] A redação do dispositivo deixava grande margem de arbítrio ao Estado para a aplicação de penalidades e visava, especialmente, os comunistas.

---

73. Artigo 16 do Decreto nº 19.770, de 19 mar. 1931; artigo 34 do Decreto nº 24.694, de 12 jul. 1934; artigos 17 e 43 do Decreto-Lei nº 1.402, de 5 jul. 1939; artigos 528 e 553 do Decreto-Lei nº 5.452, de 1º maio 1943.
74. Artigo 1º do Decreto nº 19.770, de 19 mar. 1931; artigo 13 do Decreto nº 24.694, de 12 jul. 1934; artigo 10 do Decreto-Lei nº 1.402, de 5 jul. 1939; artigo 521 do Decreto-Lei nº 5.452, de 1º maio 1943.

O Estado concretizou os mecanismos de controle sindical previstos pela lei especialmente a partir de 1935, num contexto nacional marcado por intensa mobilização operária e da sociedade como um todo. Assim, o Sindicato dos Metalúrgicos de Porto Alegre esteve submetido até 1935 a um controle governamental suave em comparação com o período posterior, quando, depois de uma greve realizada juntamente com o Sindicato dos Têxteis, foi alvo de brutal repressão governamental. O Sindicato dos Metalúrgicos (assim como o dos têxteis) foi temporariamente fechado e, reaberto, só podia realizar suas assembleias mediante autorização da polícia, que se fazia presente nas ocasiões. Durante o Estado Novo, as assembleias do sindicato eram dirigidas pelo representante do Ministério do Trabalho no Rio Grande do Sul (Fortes, 1999:32-44).

De sua parte, os conselhos profissionais não eram obrigados a prestar contas de suas atividades e finanças ao governo. No entanto, a OAB e o Conselho de Engenharia estavam sujeitos a uma intervenção governamental indireta por meio de alteração da legislação federal que previa sua estrutura organizativa e o rol de suas atribuições. Embora esse tipo de intervenção não tenha ocorrido no período estudado, a prerrogativa de o governo fazê-la funcionava como uma ameaça contínua. Entretanto, um episódio demonstra a maior dificuldade de o regime controlar os conselhos profissionais, em comparação com os sindicatos, especialmente num contexto em que a capacidade repressiva governamental se enfraquecera. No Arquivo Benedito Valadares, sob a guarda do CPDOC-FGV, há cerca de 300 documentos que detalham a operação montada pelo interventor mineiro, no final de 1944, para garantir a vitória da chapa patrocinada pelo governo do Estado nas eleições para a direção da seção da OAB de Minas Gerais. A fim de derrotar a chapa que fazia oposição ao governo, Valadares despachou assessores para o interior do estado com a incumbência de cabalarem votos. Além disso, o governo enviou telegramas para as autoridades de todos os municípios mineiros solicitando que se empenhassem pela eleição da chapa de advogados governistas. Os advogados oposicionistas, encabeçados pelo presidente da OAB mineira, Pedro Aleixo, denunciaram a intromissão de Valadares e conseguiram que o Conselho Federal da OAB anulasse as eleições e convocasse um novo pleito, derrotando, desse modo, a manobra do governo do estado.[75]

c) As fontes de financiamento das entidades corporativas. O estabelecimento de contribuição anual obrigatória às entidades corporativas tendia a lhes dar maior autonomia financeira (e, portanto, política) ante o Estado. A OAB usufruía dessa fonte de recursos desde 1932.[76] O Conselho de Engenharia contava com a contribuição anual obrigatória de seus filiados desde 1941.[77] Antes disso, o Conselho de Engenharia podia contar com a taxa que todos os engenheiros e arquitetos deveriam pagar ao se inscreverem na entidade.[78]

Nos anos 1930, os sindicatos, em geral, tinham nas mensalidades pagas pelos seus filiados sua principal fonte de renda. Como a filiação sindical não era obrigatória, a capacidade financeira dos sindicatos variava razoavelmente. Ao apresentar o relatório financeiro do período de novembro de 1939 a outubro de 1940, o tesoureiro do Sindicato Médico Brasileiro informou que a entidade arrecadara pouco mais de 150 milhões de réis, [79] dos quais a maior parte era proveniente da contribuição dos associados.[80] Também os sindicatos operários dependiam, na década de 1930, da contribuição de

75. CPDOC-FGV, Arquivo Benedito Valadares, BVa ig 1944.10.25; CF-OAB. Ata de sessões do Conselho Federal, 26 mar. 1945; CF-OAB. Ata de sessões do Conselho Federal, 24 abr. 1945; CF-OAB. Ata de sessões do Conselho Federal, 11 maio 1945.
76. Artigo 94 do Decreto nº 20.784, de 18 nov. 1931.
77. Decreto-Lei nº 3.995, de 31 dez. 1941.
78. Artigo 14 do Decreto nº 23.569, de 12 dez. 1933.
79. Em 1940, o salário mínimo no país variava entre 90 mil e 240 mil réis (Decreto-Lei nº 2.162, de 1º maio 1940).
80. FIOCRUZ. Casa de Oswaldo Cruz. Fundo Álvaro Tavares de Souza, ATS/AM/19301209-2, *Boletim do Sindicato Médico Brasileiro*, p. 264-265.

seus filiados (Fortes, 1999:29). A partir de 1940, todos os sindicatos do país passaram a contar com o pagamento obrigatório de "imposto sindical".[81]

Todavia, os conselhos profissionais e os sindicatos de profissionais liberais mantiveram-se dependentes dos recursos estatais.[82] O Conselho Federal de Engenharia usava as instalações do Ministério do Trabalho (Boletim..., 1945: n. 131, p. 405). Em outubro de 1938, o presidente da OAB, Fernando de Melo Viana, encontrou-se com o ministro da Justiça, que lhe prometeu tanto recursos para as instalações do Conselho Federal quanto a reserva de dependências do Palácio da Justiça para a entidade. Em 1940 e em 1941, a Ordem dos Advogados voltou a pedir recursos ao governo.[83] Já o Sindicato dos Médicos recorreu, com sucesso, ao governo para obter um empréstimo e a doação de um terreno para construir a sua sede.[84]

O aparato corporativo na distensão do Estado Novo

Como consequência da submissão dos sindicatos e do aumento da violência estatal, as greves operárias praticamente deixaram de ocorrer por quase 10 anos. Em seu trabalho sobre o sindicalismo

81. Decreto-Lei nº 2.377, de 8 jul. 1940.
82. David Collier e Ruth Collier apontam que um efeito possível do subsídio estatal às entidades corporativas de trabalhadores (mas a afirmação pode ser generalizada para qualquer grupo social) é a perda de sua autonomia (Collier e Collier, 1977:496).
83. CF-OAB. Ata de sessão do Conselho Federal, 18 out. 1938; CF-OAB. Ata de sessão do Conselho Federal, 18 jun. 1940; CF-OAB. Ata de sessão do Conselho Federal, 8 jul. 1941.
84. *A Noite* (30 abr. 1944:10); FIOCRUZ. Casa de Oswaldo Cruz. Depoimentos orais do projeto 1995: 50 anos de criação do Conselho Regional de Medicina do Rio de Janeiro, Entrevista de Carlos Renato Grey concedida em 1994 (BR RJCOC 05-05-02-03-02), fita 6, p. 11.

operário fluminense, Luciana Arêas observa que, a partir de 1935, os sindicatos obedeceram os limites estabelecidos pelo governo para sua atuação, encaminhando suas demandas às autoridades governamentais e à Justiça do Trabalho. Ademais, vários sindicatos internalizaram o controle político-ideológico sobre seus filiados (Arêas, 2000:272). Isso aconteceu não apenas em sindicatos operários, mas também em sindicatos de classe média. Letícia Canêdo relata o acordo feito pelo presidente do Sindicato dos Bancários de São Paulo com o Departamento Estadual do Trabalho e a polícia política paulista. Para evitar a intervenção na entidade, o dirigente sindical expulsou os filiados apontados como "extremistas" pela polícia política (Canêdo, 1978:66-67).

A perda da autonomia dos sindicatos resultou em desestímulo para a filiação. Segundo dados do Ministério do Trabalho, metade dos sindicatos de empregados existentes na cidade do Rio de Janeiro perdeu filiados entre 1936 e 1938. A tendência de redução do quadro de associados dos sindicatos operários parece ter valido para o país em seu conjunto. Em que pese certa fragilidade no seu levantamento (Cardoso, 2006), os dados oficiais demonstraram uma diminuição de 7 mil filiados nos sindicatos de empregados em 1939 e de 20 mil filiados nos dois anos seguintes (Arêas, 2000:272). Em Porto Alegre, os metalúrgicos desinteressaram-se pelo seu sindicato, o que se evidenciou pela queda de participação nas assembleias e do número de filiados (Fortes, 1999:37). A intensificação do controle sobre os sindicatos trouxe dois efeitos colaterais para o regime. Em primeiro lugar, a perda de sua representatividade, preocupante especialmente no momento da liberalização do Estado Novo, quando o regime precisava contar com uma base de apoio popular mobilizada (Gomes, 1988:267-275).

Em segundo lugar, o descrédito dos sindicatos levou os trabalhadores a se organizarem fora do aparato corporativo, constituindo comissões de fábrica (Arêas, 2000:260-263). A organização não oficial foi responsável pelo desencadeamento de boa parte das greves que ocorreram no país em 1945, beneficiadas pelo refluxo da repressão estatal, em especial entre as categorias profissionais cujos sindicatos contavam com direções contrárias às greves. Na Bahia, como registra Edinaldo Souza, quase todas as greves que aconteceram naquele ano foram organizadas por comissões de trabalhadores, contando raramente com o apoio dos dirigentes sindicais (Souza, 2019:13-14). No Rio Grande do Sul, também em 1945, várias categorias profissionais entraram em greve, mas a maior parte dos sindicatos, ainda dirigidos por interventores nomeados pelo Ministério do Trabalho, eximiu-se de apoiar as mobilizações grevistas e procurou mesmo encerrá-las rapidamente (Fortes, 2001:510-518; Konrad, 2006:262-312). Hélio da Costa constata a existência de uma desconfiança mútua entre os dirigentes sindicais e os grevistas nesse período, o que tornava "comuns cenas onde numerosos grevistas dispunham-se a acompanhar as direções sindicais e testemunhar pessoalmente o andamento das negociações." (Costa, 1995:34). Por outro lado, o exemplo do Sindicato dos Metalúrgicos de Porto Alegre evidencia o reforço do poder dos sindicatos pelo alinhamento com a opinião de sua categoria profissional. Depois de comandar a greve dos metalúrgicos, em abril de 1945, o sindicato teve seu quadro de filiados aumentado de 720 para 9 mil em menos de um ano (Fortes, 2001:420).

A distensão do regime permitiu que algumas entidades corporativas exercitassem sua autonomia ao máximo, ao assumirem uma posição contrária ao Estado Novo, como ocorreu com os sindicatos dos engenheiros e dos advogados cariocas e com a OAB.[85] A mudança de posição do Sindicato dos Engenheiros em relação ao regime possivelmente esteja ligada à mudança na sua direção ocorrida em

85. A maior parte das entidades da indústria permaneceu empenhando apoio a Vargas até a sua deposição, em 1945 (Leopoldi, 1984:385).

1944, quando Luís Onofre Pinheiro Guedes substituiu José Furtado Simas na presidência da entidade. Pouco depois, em 24 de março de 1945, o sindicato ignorou a legislação sindical vigente ao realizar uma assembleia extraordinária sem a presença de um representante do Ministério do Trabalho e sem solicitar autorização ao ministério. A assembleia aprovou um documento que afirmava que a legislação trabalhista ostentava "índole nitidamente fascista em matéria de organização sindical" e denunciava as intervenções governamentais na escolha de suas diretorias. O documento também trazia o seguinte trecho:

> 1º) O Sindicato dos Engenheiros do Rio de Janeiro congratula-se com todos os engenheiros, arquitetos e com o povo brasileiro pelo trabalho no sentido da democratização do Brasil, considerando como um dos elementos fundamentais dessa democratização a liberdade sindical, corolária da liberdade de pensamento, de palavra e de reunião [*Revista Senge*-RJ, 2011:12].

O sindicato recebeu um pedido de esclarecimento enviado pelo diretor do Departamento Nacional do Trabalho, Segadas Vianna, a respeito da realização da assembleia não autorizada e o presidente do sindicato foi ao seu gabinete explicar-se, mas não há notícias de penalidades impostas ao sindicato em decorrência da realização da assembleia (*Revista Senge*-RJ, 2011:12).

Em 1945, por motivos que a documentação consultada não é capaz de explicar, o Sindicato dos Advogados deslocou-se para uma oposição explícita ao regime. Em meados daquele ano, ao dar posse à nova diretoria do sindicato, o presidente Aurélio Silva apontou a ilegitimidade do Estado Novo, denunciou sua violência política e seu desrespeito aos direitos dos cidadãos. Mas a maior parte do seu discurso foi dedicada a uma veemente denúncia da falta de liberdade dos sindicatos, transformados pelo governo, nas suas palavras, "de uma agremiação de homens livres em ajuntamento de autômatos" (*Diário de Notícias*, 13 jun. 1945:3-4).

No último biênio do Estado Novo, o Conselho Federal da OAB assumiu uma atitude francamente hostil ao governo federal. O novo posicionamento em relação ao regime ocorreu com a ascensão à direção da entidade de um grupo de juristas que participariam da criação da União Democrática Nacional (UDN), o partido de oposição ao varguismo. Especialmente em 1945, a OAB fez ataques contundentes ao regime, visando o autoritarismo do regime e suas pretensões continuístas.[86] Esse movimento significou uma dupla subversão do arranjo corporativo. Por um lado, a OAB deixou de cuidar apenas de temas atinentes à advocacia. Por outro, a OAB, como o restante da estrutura corporativa, fora criada para amparar politicamente o regime. Ao tornar-se foco de contestação ao governo, a entidade frustrou essa intenção original.

Conclusão

A introdução do aparato corporativo teve efeitos majoritariamente regressivos para a sociedade civil durante o primeiro governo Vargas, especialmente a partir de meados da década de 1930. A estatização dos sindicatos protegeu o direito de associação dos trabalhadores, porém submeteu sua organização à depuração político-ideológica e ao controle governamental. Como qualquer Estado moderno, o Estado brasileiro pós-1930 procurou garantir sua

86. CF-OAB. Ata de sessão do Conselho Federal, 26 mar. 1945; CF-OAB. Ata de sessão do Conselho Federal, 26 jun. 1945; CF-OAB. Ata de sessão do Conselho Federal, 28 ago. 1945; CF-OAB. Ata de sessão do Conselho Federal, 18 set. 1945; CF-OAB. Ata de sessão do Conselho Federal, 25 set. 1945; CF-OAB. Ata de sessão do Conselho Federal, 2 out. 1945; CF-OAB. Ata de sessão do Conselho Federal, 23 out. 1945.

estabilidade (condição *sine qua non* para deslanchar a modernização conservadora) combinando consenso e coerção, tendo elevado substancialmente a dose do segundo ingrediente a partir de 1935. O controle da sociedade civil pelo Estado foi mais rígido à medida que se aproximava das organizações de trabalhadores.

Paradoxalmente, o corporativismo acabou por dar uma contribuição significativa ao fortalecimento da sociedade civil, como se pôde perceber nos últimos anos do Estado Novo. Ao incentivar a organização dos grupos sociais, o regime permitiu a criação de um conjunto de entidades de representação de interesses em todo o país que, aproveitando-se do arrefecimento da repressão estatal, passaram a atuar com maior autonomia e, em alguns casos, em oposição aberta ao regime. Sugiro que, nos últimos anos do Estado Novo, o avanço da "ocidentalização" (Gramsci, 2000:262) do país e a relativa autonomização do aparato corporativo foram processos imbricados. Não é demais lembrar que um dos principais partidos políticos do pós-1945, o Partido Trabalhista Brasileiro (PTB), originou-se do aparato sindical e previdenciário (Gomes, 1988:308). O fortalecimento da sociedade civil, no caso brasileiro (e em outros casos), não foi contraditório com a manutenção do papel do Estado como condutor da modernização conservadora (Coutinho, 1992:121-137).

A explicação de O'Donnell para o corporativismo latino-americano acerta ao apontar a sua natureza classista, mas precisa ser complementada com o componente diacrônico. A capacidade de o Estado manter sob controle os organismos corporativos foi bastante diminuída na conjuntura de distensão do regime, quando, em razão da guerra contra o nazifascismo, se fortaleceram os clamores internos em favor de liberdade para a movimentação da sociedade civil. Outra complementação necessária à leitura feita por O'Donnell e pelos outros autores que analisaram o corporativismo na região é que, além de abranger proprietários e trabalhadores, ele, ao menos no Brasil, incluiu também as classes médias, destacadamente os profissionais liberais. Esse último grupo foi integrado à organização corporativa com uma especificidade, pois a representação política foi acoplada à regulamentação profissional.

A inserção dos profissionais liberais ao arranjo corporativo permite quatro apontamentos de cunho teórico. O primeiro é que o corporativismo não é incompatível com outras modalidades de relação entre Estado e sociedade, como prova a coexistência entre os sindicatos de profissionais liberais, seus conselhos profissionais e suas associações não corporativas. O segundo é que o corporativismo pode funcionar mesmo sem o monopólio de representação dos grupos sociais. No caso brasileiro, havia tanto competição de representação entre entidades corporativas e associações não corporativas quanto competição entre dois tipos de entidades corporativas (sindicatos e conselhos profissionais). O terceiro é que mesmo um Estado com elevado grau de autonomia (como o Estado varguista) não é impermeável às pressões da sociedade, como prova a participação dos advogados e engenheiros nas definições sobre os termos da regulamentação estatal de suas profissões. Finalmente, mesmo no quadro do corporativismo, a relação entre Estado e sociedade pode trazer ganhos a ambos. Novamente, o exemplo da regulamentação profissional pode ser invocado, pois ele acarretou aumento do poder estatal (pois o Estado passou a regulamentar com mais eficácia o exercício profissional, ainda que em parceria com as elites profissionais) e, simultaneamente, o fechamento do mercado profissional, reivindicado havia décadas pelas profissões liberais.

CAPÍTULO 4

O momento forte do corporativismo: Estado Novo e profissionais liberais[87]

O Estado Novo configurou-se o *momento forte* do corporativismo na história brasileira. Como se sabe, nesse período, as instituições da democracia liberal, como os partidos políticos e o legislativo, foram proscritas e o principal canal de representação de interesses franqueado aos grupos sociais pelo Estado foi construído pelos mecanismos corporativos, como os conselhos econômicos, os sindicatos profissionais e as ordens profissionais.

O corporativismo que interessa a este livro é um sistema específico de representação de interesses, nos termos da conhecida definição de Philippe Schmitter (1974:93-94). Este autor propõe uma distinção entre *corporativismo estatal e corporativismo societal* concernente ao grau de controle do Estado sobre a organização da sociedade civil: maior na primeira modalidade e menor na segunda. Segundo Schmitter, além do Brasil, teriam conhecido o corporativismo estatal os seguintes países: Portugal, Espanha, Chile, Peru, México, Grécia, Itália fascista, França de Vichy, Alemanha nazista e Áustria de Dollfuss (Schmitter, 1974:104). Ele associa essa modalidade de corporativismo ao incremento do domínio estatal sobre os gêneros primários de exportação, a políticas destinadas à substituição de importações, a tentativas do país de exercer maior prota-

87. Uma versão deste capítulo foi publicada na revista *Tempo*, v. 25, n. 1, p. 198-218, 2019.

gonismo no comércio internacional e à progressiva autonomização do governo em relação aos grupos sociais (Schmitter, 1974:124-125).

Ademais, Schmitter sugere que o corporativismo estatal se dispõe a superar os problemas gerados por um desenvolvimento capitalista atrasado e dependente e por relações de classe não hegemônicas (que, entendo, são mais permeadas pela força que pelo consentimento) (Schmitter, 1974:108). Neste ponto, o autor desvela as duas funções primordiais exercidas pelo corporativismo no Brasil pós-1930: viabilizar o desenvolvimento do capitalismo industrial e garantir estabilidade ao Estado que sobreveio ao esboroamento do regime oligárquico-liberal.

De sua parte, Luiz Werneck Vianna insiste que o efeito perseguido (e obtido) pelo governo ao instaurar o corporativismo foi elevar a acumulação de capital pelos industriais. Isto teria sido possível graças à submissão da organização operária garantida pelos dispositivos corporativistas (Vianna, 1976:152). Em acréscimo, observa Werneck Vianna, o corporativismo dotou o empresariado industrial de um eficiente acesso ao Estado: "O corporativismo não esgotava sua utilidade no controle das classes subalternas, abrindo-lhes [aos industriais] condutos de comunicação fácil e direta com os dirigentes do Estado, por onde faziam passar suas reivindicações mais importantes" (Vianna, 1976:208).

Estou de acordo com a proposição de Werneck Vianna acerca do papel econômico desempenhado pelo corporativismo no Brasil, mas é importante não perder de vista sua contribuição para a agregação de apoio social ao regime instaurado em 1930. Eli Diniz chamou atenção para essa função política exercida pelo corporativismo, ao apontar que o Estado conseguiu canalizar para si os conflitos entre as frações das classes dominantes, ao criar órgãos de participação compartilhada entre burocracia e empresariado (Diniz, 1996). De modo convincente, Angela Araújo demonstra que a incorporação dos trabalhadores urbanos à institucionalidade corporativa fez parte da *démarche* do Estado para ampliar suas bases sociais (Araújo, 2002:34). Todavia, não apenas as classes dominantes e o operariado urbano foram atraídos pelo aceno da participação corporativa, como também as classes médias.

Ao lado do corporativismo, o emprego público em crescimento deve ter contribuído para o regime angariar apoio entre as classes médias. Na Primeira República, houve uma intensificação na concorrência profissional, em decorrência da expansão do ensino superior e da continuidade da atuação dos *práticos* (não diplomados) (Coelho, 1999). A situação foi razoavelmente amenizada pela grande ampliação do aparelho estatal a partir de 1930, que criou um grande número de postos de trabalho para os egressos das faculdades. Sergio Miceli afirma que o

> funcionalismo público federal, civil e militar, recebeu um tratamento privilegiado que consistiu, no essencial, num conjunto articulado de direitos e prerrogativas estatuídos em leis especiais que envolviam os principais aspectos relativos à reprodução das condições materiais e do status da maioria dos escalões do pessoal burocrático de carreira [Miceli, 2001:200].

A regulamentação das várias profissões no governo Vargas tinha potencial tanto para agradar as classes médias (garantindo *status* e reserva de mercado) quanto para estabelecer algum controle estatal sobre elas. Durante o regime Vargas, 13 profissões foram regulamentadas (Assis, 1972:287). O modelo de regulamentação assentou-se na exigência de diploma de instituição de ensino superior e na delimitação de uma área de atuação exclusiva da profissão. Os advogados, engenheiros, arquitetos e agrimensores conquistaram o autogoverno, por meio da OAB e do Conselho de Engenharia. O restante das profissões (entre elas, a medicina, a enfermagem, a odontologia e a veterinária) foi submetido à fiscalização do Executivo.

Nas primeiras décadas do século XX, as classes médias expandiram-se, impulsionadas pela urbanização e pela ampliação da burocracia estatal. Paulo Sérgio Pinheiro sugere que o crescimento das profissões liberais (advogados, médicos, engenheiros, professores, jornalistas), segmento específico das classes médias, explica-se de modo importante pela expansão do ensino secundário e superior no país (Pinheiro, 1997:16-17). Em 1889, havia no país duas faculdades de direito e duas faculdades de engenharia. Em 1912, eram 15 faculdades de direito e 13 faculdades de engenharia. Em 1935, existiam, respectivamente, 36 e 28 (Sinopse..., 1956:29). Já Décio Saes indica que na região centro-sul as classes médias conheceram um crescimento importante desde a metade do século XIX, em decorrência da consolidação do Estado nacional e do desenvolvimento da cafeicultura. Ainda no Império, o aparato estatal incrementou-se, assim como os estabelecimentos privados que sustentavam a afirmação do capitalismo comercial: bancos, casas de exportação e importação e casas comissárias (Saes, 1996:449-450).

O caráter estratégico da adesão das classes médias ao regime varguista era informado pela relevância política desse grupo social. Durante toda a Primeira República, as classes médias desempenharam um papel significativo na vida pública brasileira, malgrado a hegemonia oligárquica. Elas participaram de episódios como a Revolta da Vacina e a Campanha Civilista, além de terem se revelado um ator fundamental na campanha da Aliança Liberal e na revolução de outubro de 1930 (Fausto, 1989:82; Pinheiro, 1997:29-35). Igualmente, o regime precisava articular suas bases sociais numa situação em que a oligarquia não mais detinha a hegemonia e, concomitantemente, nenhum outro grupo social lograva exercê-la. Assim, o Estado tornou-se expressão de uma aliança policlassista formada por frações das classes dominantes, das classes médias e do operariado. A relação entre tais setores, no interior da coalizão, era evidentemente assimétrica, mas o Estado procurava atender reivindicações substanciais de todos os elementos componentes da aliança. A existência de um compromisso não evitava o surgimento de tensões e choques entre os grupos sociais, que avolumaram a instabilidade dos anos iniciais do governo Vargas. De todo modo, o Estado, a partir de 1930, impôs-se como relativamente autônomo em relação às classes sociais, sendo possível qualificá-lo de *bonapartista* (Weffort, 1978:51, 70. 119-121).

Boris Fausto indica que a aliança policlassista tecida na esteira da afirmação da Revolução de 1930 engendrou uma nova forma de Estado:

> O Estado de compromisso, expressão do reajuste nas relações internas das classes dominantes, corresponde, por outro lado, a uma nova *forma de Estado*, que se caracteriza pela maior centralização, o intervencionismo ampliado e não restrito apenas à área do café, o estabelecimento de uma certa racionalização no uso de algumas fontes fundamentais de riqueza pelo capitalismo internacional (Código de Minas, Código de Águas) [Fausto, 1989: 109-110, grifo do autor].

A ordem corporativa

A configuração do aparato corporativo de representação de interesses variou de acordo com cada grupo social. As classes dominantes usufruíram de participação em conselhos técnicos e econômicos assim como de uma organização sindical *sui generis* no contexto brasileiro, coerente com sua tradição associativa. Já os trabalhadores urbanos contaram com uma estrutura sindical que desarticulou sua organização anterior. Finalmente, as classes médias obtiveram canais de acesso ao Estado por meio tanto das entidades sindicais quanto dos conselhos profissionais (estes restritos a algumas categorias, como advogados e engenheiros). Ademais, até 1937, vigorou uma representação classista no legislativo do país para os grupos sociais mencionados.

Assim, a ordem corporativa reproduziu a desigualdade existente entre os grupos sociais. Tal assimetria foi apontada por Philippe Schmitter (1974:124) e por Vanda Costa. Esta autora caracteriza como hierárquica e vertical a relação entre Estado e trabalhadores e como horizontal a relação entre Estado e empresariado, o que teria resultado, respectivamente, num corporativismo estatal e num corporativismo societal (Costa, 1999:29-30). Igualmente, Eli Diniz e Renato Boschi examinaram a desigualdade na incorporação dos grupos sociais na ordem corporativa, observando a ausência dos trabalhadores nas instâncias de negociação, franqueadas apenas ao empresariado. Os autores descrevem o corporativismo brasileiro como bipartite (composto por Estado e empresariado) e excludente (em relação aos trabalhadores):

> Longe de propiciar acordos interclasses, a nossa tradição corporativa centrou-se na setorização dos interesses, favorecendo a utilização de táticas restritivas e perspectivas imediatistas, bem como a adoção de óticas particularistas na defesa das posições relativas no jogo econômico. [...] O que se consagrou foi a representação corporativa de interesses no interior do aparelho de Estado, limitada, porém, a setores específicos da política econômica — como a definição de medidas protecionistas, incentivos e subsídios — bem como a estágios restritos do processo decisório, principalmente a consulta e a implementação. É de notar-se a exclusão dos trabalhadores como parceiros dos acordos corporativos, já que o que se institucionalizou foi um estilo de negociação bipartite, envolvendo representantes empresariais e funcionários governamentais [Diniz e Boschi, 1991:19].

A estrutura corporativa criada para as classes dominantes foi marcada pela compartimentalização, alicerçada "no princípio de que apenas os profissionais de uma área têm competência para sugerir e participar da definição de medidas relacionadas a esta área" (Diniz, 1996:119). Deste modo, o Estado era o único agente a tomar parte da formulação e execução do conjunto das políticas públicas, uma vez que as distintas frações do setor privado participavam apenas no âmbito de sua área de atuação específica. Os organismos de natureza corporativa abertos às classes dominantes situavam-se em posição intermediária no aparato estatal. As instâncias decisórias superiores eram mantidas como apanágio da burocracia estatal, o que reforçava sua autonomia em relação ao setor privado (Diniz, 1996:85).

A literatura especializada registra uma distinção significativa entre a postura do empresariado industrial e a da burguesia cafeeira quanto à estrutura corporativa. Enquanto os industriais aderiram rapidamente a ela, por avaliarem que ganhavam maior influência nas decisões estatais, os cafeicultores mostraram-se reticentes, julgando que ela lhes impunha um decréscimo de poder. De fato, a burguesia cafeicultora perdeu, com a Revolução de 1930, a capacidade de formular e implementar a política cafeeira, que passou a ser dirigida pelo governo federal. Por esta razão, um dos principais representantes dos interesses cafeeiros, a Sociedade Rural Brasileira (SRB), manteve uma relação frequentemente conflituosa com o governo Vargas. Por outro lado, os industriais puderam prescindir da intermediação do setor agroexportador a que eram obrigados a recorrer na Primeira República, passando a ter acesso direto e permanente ao Estado. Assim, a maioria da burguesia industrial, especialmente a partir da derrota da rebelião paulista de 1932, manteve uma participação ativa nos órgãos corporativos e aproximou-se do governo, destacadamente por meio da Fiesp, da Federação das Indústrias do Estado de Minas Gerais (Fiemg) e da Confederação Nacional da Indústria (CNI) (Diniz, 1996:105). De acordo com Renato Boschi:

> Por volta de 1937, e particularmente após esta data, a posição dos industriais quanto ao estilo corporativo de participação tornou-se cada

> vez mais clara. Tal estilo foi particularmente valorizado pelos empresários quando as primeiras agências consultivas entraram em operação (a primeira em 1934, a segunda em 1937). Essas agências eram o Conselho Federal do Comércio Exterior e o Conselho Técnico de Economia e Finanças. [...] havia uma percepção clara entre eles [os industriais brasileiros] da necessidade de apoiar um Estado intervencionista, particularmente em vista da incapacidade dos empresários em lidarem com as esferas-chave de sua atividade, tais como o controle da classe operária e a integração do mercado [Boschi, 1979:71-72].

Angela de Castro Gomes demonstra a resistência inicial do empresariado industrial e do empresariado comercial à organização sindical intentada pelo Estado, centrada aquela na defesa de sua autonomia organizativa e na manutenção de suas associações (que não se enquadravam na legislação sindical do Governo Provisório de Vargas). No entanto, acrescenta a autora, tal posição, em meados da década de 1930, deu lugar à adesão dessas frações da burguesia à sindicalização corporativa (Gomes, 1979:237-252).

Eli Diniz enumera os ganhos experimentados pelos industriais com a organização corporativa: a) capacidade de adiar ou mesmo de vetar medidas, como ocorreu quanto a algumas iniciativas de política trabalhista na década de 1930; b) êxito na aprovação de determinadas medidas setoriais, por meio de alianças tecidas no âmbito do aparato estatal; c) crescimento da sua influência política. No entanto, tais benefícios tiveram como contraparte o distanciamento em relação aos núcleos centrais de poder e a tendência à setorialização (ou fragmentação) da ação industrial (Diniz, 1978:33-34).

O empresariado logrou preservar suas entidades privadas, criadas antes de 1930, funcionando paralelamente aos novos organismos corporativos e dispondo, assim, de uma representação dual de seus interesses junto ao Estado. É verdade que a dualidade de representação resultou da resistência, bem-sucedida, do empresariado à tentativa governamental de impor, pela Constituição de 1937 e pela lei de sindicalização de 1939, um novo padrão de organização de sua representação. A implementação da lei de 1939, que acabou por sofrer modificações em razão da pressão do patronato, redundaria na abolição do vigente modelo de federação regional eclética (que reunia empresas de diversos ramos de atividade numa mesma federação), assim como das Associações Comerciais e Sociedades Agrícolas (Diniz e Boschi, 1991:19; Leopoldi, 2010:408-409). Ressalte-se que, segundo Vanda Costa, a capacidade de resistência da indústria paulista a estas iniciativas do governo residia no "fato de que a implementação das leis trabalhistas dependia basicamente de sua adesão" (Costa, 1999:188). Esta autora conclui por um saldo altamente benéfico às classes dominantes na introdução da ordem corporativa:

> A legislação corporativa indica que esse arranjo [corporativo] institucionalizou mecanismos que responderam aos interesses estratégicos da classe patronal. Foi mantida intacta sua estrutura organizacional; suas entidades privadas de classe ganharam status público, expandiram sua capacidade de participação política e, fundamentalmente, seus adversários de classe foram expropriados de seus parcos recursos políticos: o direito de greve e a liberdade de se agregarem de acordo com interesses comuns, ficando aprisionados a uma estratégia organizacional que lhes impedia o acesso, como classe, a arenas onde se tomavam decisões que diziam respeito aos seus interesses, suas vidas [Costa, 1999:179-180].

Ao contrário do que ocorreu com o patronato, os trabalhadores tiveram, pela ação governamental, suas associações criadas no pré-1930 desmanteladas e substituídas pelas entidades corporativas. Na metade da década de 1930, o sindicalismo corporativo encontrava-se presente em grande parte dos estados brasileiros e nas maiores cidades do país. Nestas, as uniões e os sindicatos autônomos de categorias de trabalhadores com tradição de luta deram lugar a entidades oficiais (Araújo, 2002:45-53).

Os autores que se debruçaram sobre o tema discordam sobre o nível de coerção exercido pelo Estado sobre os trabalhadores para inseri-los na ordem corporativa. Num polo, Luiz Werneck Vianna (1976), Armando Boito Jr. (1991) e Adalberto Cardoso (2007), entre outros, enfatizam o caráter repressivo do corporativismo dos trabalhadores. Cardoso, ao apontar o controle estatal sobre o associacionismo operário, argumenta que sua contraparte positiva, a proteção ao trabalhador, era débil, tanto pela proibição de que os sindicatos organizassem os trabalhadores nos locais de trabalho quanto pela precariedade da fiscalização pelos órgãos oficiais. Referindo-se preponderantemente ao Estado Novo, Cardoso menciona um *corporativismo maneta*, posto que excluía os trabalhadores das arenas formuladoras das legislações trabalhista e social (Cardoso, 2007:113-116).

Noutro polo da literatura, autores como Angela Gomes (1988), Angela Araújo (2002) e John French (1995), sem negar a natureza coercitiva do corporativismo, reconhecem que ele foi erigido, simultaneamente, com algum consentimento operário. Gomes registra que, depois de uma resistência inicial, as correntes esquerdistas decidiram-se, a partir de 1933, a ingressar nos sindicatos operários oficiais. A adesão às organizações corporativas não significou, sublinha a historiadora, uma submissão destes grupos ao Estado (Gomes, 1988:81).

Para Angela Araújo, uma parcela importante dos trabalhadores adotou a institucionalidade corporativa convencida das vantagens advindas da nova situação, como direitos sociais, canais de participação política e reconhecimento dos sindicatos. No entanto, a participação no aparato sindical oficial, recompensada pelo atendimento governamental de interesses dos trabalhadores, resultou em progressiva submissão da organização operária (Araújo, 2002:33-34). De acordo com a autora, é possível perceber o sucesso da estratégia de cooptação desenvolvida pelas forças dominantes que, por meio de seu projeto corporativista de organização das classes, conseguiu atrair parcela significativa das lideranças operárias, inclusive das mais combativas, modificando a correlação de forças a seu favor e desenvolvendo, portanto, uma iniciativa hegemônica [Araújo, 2002: 51].

Em seu livro sobre os trabalhadores da indústria do ABC paulista, John French rechaça a interpretação de mera imposição das medidas trabalhistas pelo Estado ao operariado. Ele argumenta que a ação estatal foi acolhida pelos trabalhadores industriais, que diferentemente dos artífices e artesãos, contavam com poucos recursos políticos na luta contra seus patrões. Assim, a intervenção estatal poderia tornar um pouco menos desequilibrada a relação entre industriais e seus empregados. A adesão ao sindicalismo oficial, acrescenta French, não acarretou renúncia à autonomia e perda do vigor reivindicativo do associacionismo operário. Pelo contrário, o reconhecimento pelo Estado dos sindicatos "aumentou o espaço de manobra dos operários e levou à consolidação do ativismo da classe operária" (French, 1995:49). Na avaliação do autor, no início da década de 1930, o Estado não detinha os meios para controlar efetivamente o sindicalismo operário oficial. A oficialização dos sindicatos de trabalhadores industriais aumentou sua representatividade e capacidade de mobilização. O contraponto dessa expansão foi o surgimento de lideranças moderadas (que, frisa o autor, na maior parte dos casos, não se confundiam com os "pelegos"), que passaram a disputar a direção dos sindicatos com lideranças radicais, forjadas na Primeira República (French, 1995:46-52).

Há uma nítida convergência entre os autores na avaliação de que, a partir de 1935 (com o malogro do levante comunista) ou ao menos de 1937 (com o golpe do Estado Novo), o governo tornou bem mais severo o controle sobre o movimento operário. Adalberto Cardoso menciona o aumento da vigilância sobre a atividade sindical assim como o aperto dos controles sobre a seleção e a reprodução das direções sindicais (Cardoso, 2007:112). Neste mesmo sentido, Angela Araújo nota a consolidação de uma liderança sindical estritamente subordinada ao Ministério do Trabalho (Araújo, 2002:50). Angela Gomes registra uma extensiva depuração dos sindicatos operários oficiais, despojados de qualquer possibilidade de atuação autônoma (Gomes, 1988:191-192). Werneck Vianna considera que os sindicatos se tornaram "meras agências de mediação entre o trabalhador individual e o Estado, no que se refere às suas reclamações quanto à aplicação da legislação por parte da empresa e ao encaminhamento dos processos de seguro, acidentes de trabalho e demais seguros sociais" (Vianna, 1976:221-222).

Mesmo John French assinala uma virtual extinção do sindicalismo oficial entre 1935 e 1938 (French, 1995:64). Tal situação iniciou por se modificar em 1942, quando o governo, convencido da necessidade de liberalizar o regime, mobilizou-se para recompor sua base social. Em consequência, a ditadura estadonovista passou a se esforçar para dotar o sindicalismo operário de representatividade, estimulando a criação de novos sindicatos e a filiação dos trabalhadores. A iniciativa implicava a assunção de riscos pelo regime, pois as ações necessárias para garantir representatividade às entidades sindicais tendiam a diminuir o controle exercido pelo governo sobre elas (Gomes, 1988:202-203, 274-277).

O corporativismo dos profissionais liberais

A partir de 1934, a sindicalização das classes médias foi legalmente prevista. Desde então, constou nas leis que também estabeleciam a sindicalização de empregados e empregadores. Na legislação sindical, as atividades econômicas das classes médias estavam dispersas em várias categorias, incluindo as de empregados (como bancários e jornalistas) e de empregadores (como pequenos comerciantes). Havia, contudo, uma categoria "pura" (ou quase) das classes médias: a de profissionais liberais. A legislação compreendia na categoria de *profissões liberais*: advogados; atuários; autores teatrais; compositores artísticos, musicais e plásticos; contabilistas; economistas; enfermeiras; engenheiros; escritores; farmacêuticos; médicos; médicos veterinários; odontologistas; parteiras; professores de estabelecimentos privados; químicos.[88]

Como se pode observar na tabela 1, as profissões liberais organizaram-se em sindicatos e aprofundaram, desta maneira, sua participação na ordem corporativa:

TABELA 1. **Número de sindicatos existentes por categoria econômica, 1938-45**[89]

Categoria / sindicatos existentes por ano	1938	1939	1940	1941	1942	1943	1944	1945
Empregadores	1006	1141	30	300	395	451	505	549
Empregados	1133	1206	8	359	643	738	815	872
Profissionais liberais	118	129	0	37	53	61	65	68

Fontes: Anuário... (c. 1939:479; c. 1941: v. 5, p. 706; 1955: v. 16, p. 416).

As profissões liberais estiveram representadas, em chave corporativa, na Assembleia Nacional Constituinte e nas constituintes estaduais, durante a primeira metade da década de 1930, por meio de seus deputados classistas. Ao aparato corporativo das classes médias também pertenciam os conselhos profissionais criados na Era Vargas: a OAB, o Conselho Federal de Engenharia e Arquitetura

88. Decreto-Lei nº 2.381, de 9 jul. de 1940; Decreto-Lei nº 5.452, de 1º maio 1943.
89. A queda vertiginosa do número de sindicatos em 1940 deveu-se à obrigação que foi imposta às entidades existentes de se adequarem à lei de sindicalização de 1939.

e o Conselho Federal de Medicina, fundados, respectivamente, em 1930, em 1933 e em 1945. Esses órgãos acumulavam as funções de regulamentação profissional e de representação dos interesses de sua categoria.[90]

Para analisar o funcionamento dos órgãos corporativos das profissões liberais no Estado Novo me concentrarei na atuação da OAB e do Sindicato dos Advogados do Rio de Janeiro. Durante quase todo o período do Estado Novo, o Conselho Federal da OAB manteve-se calado sobre os acontecimentos políticos do país. Alberto Venâncio Filho sugere que o debate político, durante o Estado Novo, concentrou-se no IAB e ocorreu de modo menos intenso na OAB (Venâncio Filho, 1982:57). Por sua vez, Lúcia Guimarães e Tânia Bessone propõem que, durante o mesmo período, o debate e os pronunciamentos políticos concentraram-se no Conselho da OAB do Distrito Federal (Guimarães e Bessone, 2003:126).

Apenas em 1944 é que o mutismo político do Conselho Federal da OAB cedeu lugar a um oposicionismo militante. Antes que isso acontecesse, o órgão de cúpula da OAB procurou cultivar boas relações com o governo, a fim de ver suas demandas atendidas. Na sessão de 18 de outubro de 1938, o presidente da Ordem, Fernando de Melo Viana, informou que se encontrara com o ministro da Justiça para tratar das instalações do Conselho Federal, que ainda se utilizava das dependências do Conselho do Distrito Federal da OAB, "tendo encontrado a maior boa vontade de S. Excia. para a concessão da verba necessária para esse fim".[91] Em outubro de 1939, uma comissão da OAB foi recebida por Vargas, que prometeu conceder à entidade "instalação condigna" e recursos públicos.[92]

---

90. Decreto nº 19.408, de 18 nov. 1930; Decreto nº 23.569, de 11 dez. 1933; Decreto-Lei nº 7.955, de 13 set. 1945.
91. CF-OAB. Ata de sessão do Conselho Federal, 18 out. 1938.
92. CF-OAB. Ata de sessão do Conselho Federal, 24 out. 1939.

A OAB também recorreu ao governo para viabilizar uma previdência social para os advogados. Deste modo, em meados de 1939, o secretário-geral da entidade, Atílio Vivacqua, aplaudiu a aprovação, pelo Conselho Nacional do Trabalho, do projeto que criava o Instituto de Aposentadoria e Pensões de Advogados. Destacava que o projeto "tem merecido especial atenção do sr. Ministro do Trabalho". Finalmente, afirmava que os advogados ficariam devendo a Vargas "dois inestimáveis serviços": a criação da Ordem e a do Instituto de Aposentadoria.[93] Na sessão de 18 de agosto de 1942, o presidente da Ordem, Fernando de Melo Viana, apresentou uma proposta de congratulações a Vargas pela criação da Caixa de Assistência dos Advogados, que foi unanimemente aprovada pelo Conselho Federal.[94]

O ingresso do Conselho Federal da OAB na luta contra o Estado Novo coincidiu com a ascensão à direção do órgão de um grupo de ilustres advogados, integrantes do núcleo de bacharéis liberais que participariam, no ano seguinte, da criação da UDN. Entre eles estavam Raul Fernandes, Dario de Almeida Magalhães e Augusto Pinto Lima. Assim, no ano de 1945, aproveitando-se da liberalização política, o Conselho Federal da OAB dirigiu ataques crescentemente contundentes ao regime vigente. A entidade não mais se restringiu a atacá-lo pelo desrespeito às prerrogativas dos advogados, como fizera no ano anterior. Alçou sua oposição ao governo a um outro patamar, apresentando-a como realizada em nome da democracia e da tradição jurídica liberal. No último ano do Estado Novo, o Conselho Federal manifestou-se sobre os principais acontecimentos políticos do país, em especial em relação às iniciativas governamentais interpretadas como protelatórias do retorno à democracia. As posições do órgão nestas ocasiões estiveram plenamente afinadas com as assumidas pela UDN, formalmente organizada em abril de 1945.

93. CF-OAB. Ata de sessão do Conselho Federal, 11 jul. 1939.
94. CF-OAB. Ata de sessão do Conselho Federal, 18 ago. 1942.

Como a UDN, o Conselho Federal da Ordem sobressaltou-se com o queremismo. Na sessão realizada em 18 de setembro, o Conselho Federal aprovou uma moção antiqueremista. O organismo justificava sua tomada de posição quanto ao queremismo em função de seu "dever constitucional" de "defender a ordem jurídica do país." Fundamentalmente, a declaração defendia o cumprimento da legislação eleitoral decretada por Vargas no início do ano, recusando o adiamento das eleições presidenciais. Ao afirmar que o parlamento a ser eleito em 2 de dezembro poderia se reunir como Assembleia Constituinte, a moção visava o *slogan* queremista "Constituinte com Getúlio". O documento incluía uma defesa, de base liberal, da realização das eleições, as quais, ao restabelecerem a soberania popular, afirmava a moção, restaurariam a legitimidade do poder político:

> Manifesta, pois, o Conselho a sua segurança de que o processo de redemocratização do país não sofrerá interrupções nem delongas e que, na data marcada, serão realizadas, sem coações nem temores, as eleições que assegurem ao Brasil o restabelecimento do poder público em bases legítimas, a restauração da confiança e a fundação de um regime político de justiça social em que se harmonizem a autoridade e a liberdade.[95]

Finalmente, a moção apelava aos "órgãos representativos de todas as classes sociais" e, sobretudo, às Forças Armadas, para que atuassem em favor da realização das eleições.[96]

Num novo lance contra o queremismo, os bacharéis liberais, por meio do Conselho Seccional do Distrito Federal da OAB, encaminharam uma consulta ao Tribunal Superior Eleitoral (TSE) sobre o caráter do parlamento a ser eleito em dezembro — se ordinário

95. CF-OAB. Ata de sessão do Conselho Federal, 18 set. 1945.
96. CF-OAB. Ata de sessão do Conselho Federal, 18 set. 1945.

ou constituinte. A decisão do tribunal — de que o parlamento, se assim deliberasse, poderia se reunir em Assembleia Constituinte — foi comemorada pelos bacharéis liberais, convencidos de que ganharam um importante argumento contra o queremismo (Dulles, 2001:363-364). Na sessão do Conselho Federal da OAB de 2 de outubro, o conselheiro Hariberto de Miranda Jordão comunicou que o TSE havia "aceito a tese defendida pelo Conselho acerca da competência constituinte do parlamento convocado, independentemente da necessidade de modificação da legislação vigente".[97] No dia 3 de outubro, o *Diário de Notícias* publicou uma entrevista com o conselheiro federal da OAB Heráclito Sobral Pinto a respeito do tema, na qual afirmava:

> Nela [na decisão do tribunal] diviso a liquidação definitiva desta atoarda agitadora que se vem fazendo, com puros objetivos revolucionários, em torno da convocação da "Constituinte". Com a sua decisão, o Tribunal tirou à campanha em prol dessa Constituinte toda e qualquer justificação [*Diário de Notícias*, 3 out. 1945: 1ª seção, p. 4].

Assim, Sobral Pinto acreditava que — ao demonstrar que a Constituinte já estava garantida pela legislação eleitoral vigente — os liberais desarticulavam uma das bandeiras do queremismo (Ferreira, 2011).

Em 10 de outubro, Vargas, por meio do Decreto-Lei nº 8.063, alterou a legislação eleitoral, antecipando as eleições estaduais para o dia 2 de dezembro de 1945, mesma data em que seriam eleitos o novo presidente da República e os membros do Congresso Nacional. O efeito previsível da antecipação era o favorecimento dos candidatos oficiais, beneficiários das máquinas das interventorias federais

97. CF-OAB. Ata de sessão do Conselho Federal, 2 out. 1945.

nos estados. Os partidos de oposição (UDN, Partido Republicano e Partido Libertador) condenaram veementemente a medida.[98] A manobra de Vargas radicalizou a posição do Conselho Federal da OAB, convencido de que a redemocratização do país passava pela deposição do presidente. Nesta reunião, Pinto Lima apresentou uma moção que considerava o Decreto-Lei nº 8.063 "gerador da anarquia e do tumulto sobre a obra de restauração das instituições democráticas do Brasil".[99] O Conselho Federal aprovou, por unanimidade, o texto apresentado por Pinto Lima (*Diário de Notícias*, 17 out. 1945: 1ª seção, p. 3).

Logo no seu início, a moção se justificava em nome da "restauração da ordem jurídica democrática" e apresentava as fontes de legitimidade da atuação política da OAB: os mandamentos do Código de Ética Profissional e a "missão histórica" do órgão (nos termos do documento, "a própria origem da instituição").[100]

O argumento que fundamenta a moção é que, ao contrário da legislação eleitoral vigente desde o início de 1945, o Decreto-Lei nº 8.063 não fora elaborado pelo TSE, nem se baseara na opinião pública, "pelos seus órgãos responsáveis e qualificados". A temática da opinião pública surge em outro trecho no qual se afirma que o decreto em questão afrontava "os pronunciamentos de órgãos que exprimem, com autenticidade e insuspeição, a opinião pública do país".[101] Considerando-se clarividente em relação aos interesses da nação e "qualificada" pelos ilustres bacharéis que o compunham, o Conselho Federal da OAB se via como parte da opinião pública.

98. Skidmore (1976:76-77); Vale (1978:151-154); Almeida Júnior (1981:238).
99. CF-OAB. Ata de sessão do Conselho Federal, 16 out. 1945.
100. CF-OAB. Ata de sessão do Conselho Federal, 16 out. 1945. A íntegra da moção de 16 de outubro do Conselho Federal encontra-se reproduzida em: *Diário de Notícias* (17 out. 1945: 1ª seção, p. 3).
101. CF-OAB. Ata de sessão do Conselho Federal, 16 out. 1945; *Diário de Notícias* (17 out. 1945: 1ª seção, p. 3).

A moção de 16 de outubro não clamava explicitamente o afastamento de Vargas da presidência, mas denunciava a "transgressão dos compromissos assumidos pelo Governo, esperando que, hoje como ontem, o patriotismo, a decisão, a serenidade daqueles que custodiam os destinos da Nação, intervenham para restabelecer a ordem jurídica violada".[102] No entanto, a esta altura dos acontecimentos, os bacharéis liberais já conspiravam, com os chefes militares, pela deposição de Vargas (Benevides, 1981:57).

Em 30 de outubro de 1945, o Conselho Federal manifestou seu apoio entusiasmado à deposição de Getúlio Vargas pelo Exército.[103] No mesmo dia, os conselheiros federais estiveram entre os poucos convidados à posse de José Linhares na presidência da República.[104] A deferência foi um reconhecimento ao papel desempenhado pelo Conselho Federal no combate ao regime deposto (Venâncio Filho, 1982:73).

Quanto ao Sindicato dos Advogados do Rio de Janeiro, pode-se afirmar que assumiu um apoio ativo ao Estado Novo até quase o fim do regime. Segundo seus dirigentes, o sindicato contava com cerca de 600 filiados em 1936 (o que equivalia a um quarto dos filiados ao Conselho Seccional do Distrito Federal da OAB até agosto daquele ano) e com mais de 800 em 1941.[105]

O sindicato propunha-se a defender especialmente os interesses da base da categoria profissional: os advogados empregados, os advogados de pequenos escritórios e mesmo os rábulas, ou seja, uma fração da categoria profissional pouco representada no Conselho Federal da OAB. A agenda corporativa do sindicato contemplava

102. CF-OAB. Ata de sessão do Conselho Federal, 16 out. 1945.
103. CF-OAB. Ata de sessão do Conselho Federal, 30 out. 1945.
104. CF-OAB. Ata de sessão do Conselho Federal, 30 out. 1945.
105. *Correio da Manhã* (19 jul. 1936:5); Anuário..., 1937: v. 3, p. 722; *Correio da Manhã* (8 jun. 1941:3).

salários e honorários, atendimento médico-hospitalar e, destacadamente, previdência.[106]

Porém, ao menos numa ocasião, o sindicato engajou-se numa batalha que interessava mais à elite que à base da categoria profissional. Entre fins de 1937 e inícios de 1938, o sindicato pelejou para que se nomeasse um advogado para a vaga do quinto constitucional no Tribunal de Apelação. Sua diretoria interpelou o ministro da Justiça, Francisco Campos:

> Durante a audiência a comissão de advogados expôs longamente ao ministro da Justiça tudo quanto tem ocorrido na organização da lista tríplice para a composição do Tribunal de Apelação, mostrando que o texto constitucional que assegura um quinto das vagas aos advogados e representantes do Ministério Público não está sendo cumprido. [...] [O ministro] frisou o interesse governamental na execução fiel do texto constitucional [*Correio da Manhã*, 5 dez. 1937:2].

O sindicato teve seu pleito atendido por Vargas, que nomeou um advogado para o Tribunal de Apelação do Distrito Federal, malgrado a resistência existente no interior do próprio tribunal (*Correio da Manhã*, 23 nov. 1937:3; *Diário de Notícias*, 26 fev. 1938:5).

Pouco depois da outorga da Constituição Federal de 1937, o presidente do sindicato, Aurélio Silva, em reunião da entidade, fez o elogio da nova carta, que, segundo sua opinião,

> emprestava importância e relevância às organizações sindicais não só na colaboração com o legislativo, como também na vida administrativa

---

106. *Gazeta de Notícias* (4 maio 1937:8); *Correio da Manhã* (2 jun. 1937; 29 jul. 1937:6); *Gazeta de Notícias* (12 mar. 1938:9); *O Jornal* (14 abr. 1939:7); *Correio Paulistano* (31 ago. 1939:10); *Jornal do Commercio* (28 jul. 1940:10); *A Manhã* (8 out. 1941:6); *A Manhã* (6 jun. 1943:6); *Jornal do Brasil* (24 jul. 1945:10); *Correio da Manhã* (16 out. 1945:4); *Diário do Paraná* (20 dez. 1945:2); *Diretrizes* (15 jan. 1946:7).

da nação. O Sindicato dos Advogados tinha, portanto, motivos para se rejubilar com essa orientação inteiramente favorável ao desenvolvimento do sindicalismo. Fazendo uso da palavra, o dr. Rodrigues Neves propôs que o Sindicato de Advogados, nos termos de seus estatutos e de seus deveres de colaboração com as autoridades governamentais promovesse o estudo e divulgação do texto da Constituição em vigor [*Correio da Manhã*, 18 nov. 1937:4].

Aprovada a proposta, a diretoria do sindicato convidou pessoalmente o ministro da Justiça, Francisco Campos, para proferir a primeira das palestras (*Correio da Manhã*, 5 dez. 1937:2). O ciclo de palestras prolongou-se até, ao menos, fins de 1938. Assim, no dia 1º de dezembro daquele ano, segundo uma notícia de jornal, o segundo-secretário do sindicato, Valdir Faria Rocha, discorreria sobre os "conceitos sociais da nova Constituição". A palestra seria transmitida pela Rádio Guanabara (*Jornal do Brasil*, 1º dez. 1938:12).

Outras manifestações públicas de apoio ao governo pelo Sindicato aos Advogados ocorreram ao longo do Estado Novo. Ainda na presidência do sindicato, Aurélio Silva elogiou, em abril de 1938, a legislação trabalhista de Vargas e a criação da Justiça do Trabalho (*O Jornal*, 5 abr. 1938:1). Em fins de 1941, o jornal *A Manhã* publicou uma entrevista com o secretário-geral do sindicato, Carlos Medeiros Jansen, no qual o advogado propugnava a estreita colaboração com o governo:

> A situação para o Sindicato dos Advogados do Rio de Janeiro com a nova legislação sindical do país é a mais promissora e dá a expectativa de grandes realizações. [...] Onde, porém, se evidenciará a nossa maior campanha será na aproximação imediata da classe com o governo, despertando os advogados para a realidade das coisas. [...] Cooperando, contudo, com o governo e com a ajuda deste, em uma colaboração leal, franca e sem subterfúgios, muito embora a enormidade da tarefa,

> fatalmente venceremos. Vivemos no Estado Novo. O advogado precisa com ele cooperar e nele progredir. Esse será o lema do Sindicato dos Advogados do Rio de Janeiro [A *Manhã*, 8 out. 1941:6].

Medeiros Jansen sugeria que as "antigas associações", referindo-se provavelmente à OAB e aos Institutos de Advogados, estavam dominadas pelos "medalhões" da advocacia, que não se importavam com a base da categoria profissional e se mantinham avessos à colaboração com o regime. O secretário-geral apresentava o sindicato como alternativa para, ladeado pelo governo, garantir os interesses dos advogados (A *Manhã*, 8 out. 1941:6). Em meados de 1942, o ministro do Trabalho, Marcondes Filho, presidiu a sessão em que a nova diretoria do sindicato foi empossada (A *Manhã*, 2 jul. 1942:6). Pouco depois, a entidade fez parte da comissão organizadora da missa campal rezada em ação de graças pelo restabelecimento de Vargas (A *Manhã*, 22 ago. 1942:3).

Com resultados de difícil aferição, o sindicato pretendeu ser ouvido pelo regime na elaboração das leis do país. Assim, ao serem recebidos por Vargas em 17 de outubro de 1938, o presidente do sindicato, Aurélio Silva, e o do Clube dos Advogados, Alberto Rego Lins, solicitaram ao presidente, além da criação do instituto de previdência para os advogados, a participação dos advogados na elaboração em curso das leis processuais (*Diário de Notícias*, 18 out. 1938:16). No ano seguinte, o sindicato enviou ao Ministério da Justiça sugestões ao projeto do Código de Processo Civil e Comercial, rejeitando vários de seus dispositivos (*Jornal do Brasil*, 5 abr. 1939:14).

A considerar a queixa que o presidente da entidade fez em 1945 acerca da falta de disposição do regime em encampar sugestões legislativas oriundas da sociedade civil, a eficácia dessas *démarches* foi bastante modesta: "E a lei seria apenas aquilo que, sem transigência, a vontade oficial deliberara fazer" (*Diário de Notícias*, 13 jun. 1945:3). Todavia, ao menos numa ocasião, a pretensão do sindicato foi reconhecida pelo governo. O ministro da Justiça, Waldemar Falcão, ao nomear, em 1939, a comissão encarregada de organizar o funcionamento da Justiça do Trabalho, incluiu um representante do sindicato e outro da OAB. A comissão foi presidida pelo presidente do Conselho Nacional do Trabalho (CNT). Os demais integrantes da comissão eram todos burocratas: procuradores e técnicos do Ministério do Trabalho e o diretor do Departamento Administrativo do Serviço Público (Dasp).[107]

Por motivos que, por ora, ignoro, o Sindicato dos Advogados do Rio de Janeiro passou à oposição ao Estado Novo em 1945. Deste modo, em maio, uma comissão da entidade concluiu que o legislativo federal a ser eleito em breve poderia assumir o Poder Constituinte (*Correio da Manhã*, 12 maio 1945:2). Em artigo publicado no *Correio da Manhã*, Alberto Rego Lins, um dos integrantes daquela comissão, explicitava sua divergência com o queremismo, citando o parecer do sindicato:

> o poder legislativo que se vai constituir, numa nova fase da República, terá necessariamente caráter constituinte, não adstrito à simples faculdade revisionista, uma vez que lhe cabe homologar, em parte ou no todo, a Carta Política outorgada à nação, sobre a qual não se manifestou esta plebiscitariamente, conforme nela previsto, transferindo-se, por isso, a atribuição de renová-la ou não aos representantes do povo, reunidos em assembleia [*Correio da Manhã*, 5 set. 1945:4].

Ao entregar o cargo ao seu sucessor, em junho de 1945, o presidente do sindicato, Aurélio Silva, fez críticas contundentes ao Estado Novo, manifestando seu oposicionismo. Não apenas apontou o controle governamental sobre os sindicatos como também a ilegi-

107. *A Noite* (8 jun. 1939:2); *Correio Paulistano* (2 jul. 1939:21); *O Radical* (15 mar. 1940); *A Batalha* (30 abr. 1940:3).

timidade do regime, sua violência repressiva e seu desrespeito aos direitos dos cidadãos:

> Em regimes como o nosso, porém, os homens que o servem, por natural fenômeno decorrente da ausência de crítica e da fiscalização, por impossível, da opinião pública, desapercebidos dos males gerados pelo seu processo de governo, deixam-se impressionar por alguns aspectos materiais das suas conquistas, relegando a segundo plano os direitos elementares dos seus concidadãos. E o império da força, dando aos que dirigem um artificial sentido de autoridade, porque não dimana da lei nem da outorga consciente da nação, contamina os demais setores. Todos se tornam indiferentes àqueles direitos elementares a que antes aludi fazendo periclitar a liberdade, a propriedade e a vida. Esta, na tortura das masmorras, onde a subestimação dos valores humanos tem feito retroceder a séculos de barbárie; a outra, na subtração dos bens materiais para entrega a terceiros, sob especiosos pretextos a que a técnica deformadora aprouve classificar, por eufemismo, como desapropriação; a primeira, no impedimento de cada um manifestar-se verbalmente ou por escrito, na tribuna ou na imprensa, expostos os que se vêm processar à sanha desmedida dos seus carcereiros ou condutores e algumas vezes sem se poderem fazer ouvir perante os tribunais até onde pretendem levar os seus reclamos [...] [*Diário de Notícias*, 13 jun. 1945:3].

Longe de derivar de um impulso estritamente taxonomista, a diferenciação apresentada por Schmitter entre corporativismo estatal e corporativismo societal oferece parâmetros para aferir o nível de autonomia dos grupos sociais nas experiências corporativas (Schmitter, 1974:103-104). O corporativismo estatal ocorre nas situações em que os elementos definidores do corporativismo (em destaque na citação a seguir) são precipuamente estabelecidos pelo Estado:

> Corporativismo pode ser definido como um sistema de representação de interesses no qual as unidades que o constituem são organizados num *número limitado* de categorias *singulares, compulsórias, não competitivas, ordenadas hierarquicamente* e *funcionalmente diferenciadas*, que são *reconhecidas ou licenciadas* (*ou mesmo criadas*) pelo Estado e têm garantido o seu deliberado *monopólio de representação* no interior de suas respectivas categorias em troca da observância de certos *controles na seleção de seus líderes e na articulação de demandas e apoios* [Schmitter, 1974:93-94, grifo meu e tradução minha].

Ao submetermos o corporativismo das profissões liberais a exame sob os critérios de Schmitter, podemos agregar os seguintes elementos, que são próximos entre si: *número limitado*, *singulares*, *não competitivas* e *monopólio de representação*. A legislação do regime restringiu o número de entidades sindicais ao determinar que, numa dada base territorial (distrital, municipal, intermunicipal, estadual ou interestadual), poderia funcionar tão somente um sindicato (ou federação ou confederação) de uma dada profissão. Entretanto, no interior mesmo do aparato corporativo das profissões liberais, os advogados e os engenheiros gozaram de duplicidade de representação, em virtude da coexistência dos sindicatos e das ordens profissionais (Vannucchi, 2016b). Noutras palavras, essas duas categorias profissionais não foram atingidas nem pela falta de competição nem pelo monopólio de representação, que caracterizavam o corporativismo estatal. Como já anotei anteriormente, a duplicidade de organismos corporativos, ao menos no caso dos advogados, emprestou-lhes maior representatividade, uma vez que a OAB se identificava com a elite da advocacia, e o sindicato, com a base da categoria profissional. Ademais, o governo tolerou, à semelhança do que ocorreu com o empresariado industrial, a existência de entidades de livre associação para as profissões liberais, como o Instituto dos Advogados Brasileiros (IAB), o Clube dos Advogados e o Clube dos Engenheiros. Tais entidades, que não pertenciam ao aparato corporativo, continuaram a ser reconhecidas pelo regime, em algum grau, como interlocutoras nas discussões sobre os interesses dos profissionais liberais.

Schmitter inclui ainda outros aspectos no corporativismo estatal, que serão analisados individualmente a seguir:[108]

a) *compulsórias*: a sindicalização na Era Vargas não era obrigatória para as profissões liberais e para nenhuma outra categoria. Porém, a inscrição nas ordens profissionais era condição necessária para o exercício da advocacia e da engenharia. O liame obrigatório com o aparato corporativo para o conjunto dos profissionais liberais foi instituído em 1939, com a criação do imposto sindical.

b) *ordenadas hierarquicamente*: a organização do sistema sindical, assim como das ordens profissionais, era estabelecida pelo Estado e em termos hierárquicos. A legislação permitia aos profissionais liberais formarem federações e confederações. Já os conselhos profissionais contaram com instâncias estaduais subordinadas ao órgão de cúpula, cuja jurisdição era nacional.

c) *funcionalmente diferenciadas*: o Estado determinou a organização sindical por profissão. Ademais, o Decreto-Lei nº 2,381, de 9 de julho de 1940, estabeleceu o quadro das categorias das profissões liberais, com o intuito de servir de base para o sistema sindical.

d) *reconhecidas ou criadas pelo Estado*: as entidades sindicais gozavam de existência legal apenas após o reconhecimento do Ministério do Trabalho e o atendimento aos requisitos impostos pela lei. Quanto às ordens profissionais, embora tenham sido criadas pelo

108. A análise abaixo baseia-se na seguinte legislação: Decreto nº 19.408, de 18 nov. 1930; Decreto nº 23.569, de 11 dez. 1933; Decreto nº 24.694, de 12 jul. 1934; Constituição dos Estados Unidos do Brasil, de 10 nov. 1937; Decreto-Lei nº 1.402, de 5 jul. 1939; Decreto-Lei nº 2.377, de 8 jul. 1940; Decreto-Lei nº 5.452, de 1º maio 1943.

Estado, a sua existência decorreu não de uma imposição deste, mas da demanda das respectivas elites profissionais (Vannucchi, 2016a).

e) *controles na seleção de seus líderes e na articulação de demandas*: as eleições das diretorias dos sindicatos das profissões liberais tinham de ser validadas pelo Ministério do Trabalho. O controle sobre a direção sindical era reforçado pela vigilância da polícia política. Os advogados contavam com autonomia para escolher os dirigentes de sua ordem profissional. Os engenheiros e arquitetos elegiam toda a direção de seu conselho profissional, com exceção do presidente, que era nomeado pelo presidente da República. As direções da OAB e do Sindicato dos Advogados do Rio de Janeiro revelaram-se dóceis ao regime até 1944, como evidenciam as declarações de seus presidentes e secretários. Além disto, as entidades, na maior parte do Estado Novo, mantiveram uma atuação limitada aos interesses específicos dos advogados e bastante respeitosa em relação ao regime. As atividades dos sindicatos e das ordens profissionais também eram acompanhadas pelo ministério e pela polícia. No discurso em que se despediu da presidência do sindicato, em 1945, Aurélio Silva referiu-se à ausência de liberdade sindical no país, elencando dispositivos que garantiam a submissão dos sindicatos ao Estado, como a necessidade de autorização para funcionar e de aprovação de suas eleições pelo governo (*Diário de Notícias*, 13 jun. 1945:3). A OAB e o Conselho de Engenharia ainda estavam sujeitos a uma intervenção governamental indireta por meio de alteração da legislação federal que previa sua estrutura organizativa e o rol de suas atribuições.

Conclusão

Até a crise do Estado Novo, a organização corporativa das profissões liberais esteve contida pelo regime, que dispunha de um conjunto de dispositivos para tanto. Entretanto, o alinhamento daquelas entidades ao Estado Novo não pode ser explicado tão somente pela coerção governamental. Os sindicatos e as ordens profissionais aderiram ao regime também porque auferiam benefícios para si e para as categorias profissionais em cujo nome falavam e agiam. A OAB, por exemplo, recebera do Estado o controle sobre a prática profissional dos advogados. Além disto, ao manter uma boa relação com o regime, a OAB fortalecia os pleitos voltados à sua consolidação institucional (como recursos públicos e instalações para suas sedes) e à sua legitimação perante a categoria profissional (como proteção previdenciária aos advogados). O Sindicato dos Advogados conseguiu abrigo no Estado para se defender das investidas da OAB visando o seu fechamento (Vannucchi, 2016b). Outro estímulo importante para a fidelidade do sindicato ao regime foi o imposto sindical, que, a partir de 1940, garantiu uma fonte estável de financiamento à entidade.

O mecanismo corporativo dotava o Estado de vários recursos com os quais podia manter as profissões liberais sob controle, mas o controle propriamente dito precisava ser confirmado pela ação estatal. Assim, o oposicionismo da OAB e do Sindicato dos Advogados no final do Estado Novo demonstrou que a estrutura corporativa *per se* não era capaz de garantir a obediência das profissões liberais na ausência de um governo capaz de acionar os dispositivos coercitivos previstos pela legislação e pela práxis corporativa. Sugiro, portanto, que, nos últimos anos do Estado Novo, o corporativismo das profissões liberais lentamente distanciava-se da modalidade estatal e aproximava-se da modalidade societal.

CAPÍTULO 5

A representação duplicada: conselhos profissionais e sindicatos[109]

A literatura especializada há muito tempo tem assinalado o monopólio de representação como um dos alicerces do corporativismo. No clássico artigo "Still the century of corporatism?", Philippe Schmitter propõe uma definição para corporativismo no qual tal aspecto está presente:

> Corporativismo pode ser definido como um sistema de representação de interesses no qual as unidades constitutivas são organizadas num número limitado de categorias singulares, compulsórias, não competitivas, hierarquicamente ordenadas e funcionalmente diferenciadas, que são reconhecidas ou autorizadas (ou mesmo criadas) pelo Estado e usufruindo um deliberado monopólio de representação no interior de suas respectivas categorias em troca da observância de determinados controles quanto à seleção dos líderes e à articulação de demandas e apoios [Schmitter, 1974:93-94, tradução do autor].

O próprio Schmitter enfatiza que tal definição se remete a um tipo-ideal, inexistente historicamente, ainda que advogue que as experiências corporativas brasileira e portuguesa, que estudou com

---

109. Uma versão deste artigo foi publicada em *Estudos Ibero-Americanos*, v. 42, n. 2, p. 471-499, 2016. Sua redação beneficiou-se de financiamento do CNPq. Agradeço a Jimmy Medeiros pelo auxílio na revisão das tabelas.

mais profundidade, aproximem-se bastante de tal conceituação (Schmitter, 1974:94).

No Brasil, tanto o corporativismo voltado para o capital quanto aquele voltado para o trabalho conheceram o monopólio de representação. Entre os trabalhadores urbanos, a legislação sindical editada a partir da década de 1930 instituiu a unicidade sindical. O mesmo deu-se entre os industriais, cuja organização corporativa compunha-se de três níveis: sindicatos, federações e confederação.

No entanto, como procurarei demonstrar ao longo deste capítulo, o corporativismo erigido para as classes médias, ou melhor, para um setor específico das classes médias (os profissionais liberais) foi marcado pela ausência do monopólio de representação. Na realidade, a duplicidade de representação constituiu o corporativismo de classe média desde sua origem. Ao menos no caso dos advogados, a relação entre os dois organismos incumbidos de representar a categoria profissional perante o Estado permeou-se de tensões e conflitos.

A criação da OAB e de outros conselhos profissionais

Durante o primeiro governo Vargas, as principais profissões de classe média foram regulamentadas. É verdade que algumas delas já o eram, mas, como demonstra Edmundo Campos Coelho (1999), o que prevalecia no Império e na Primeira República era uma ampla liberdade profissional *de facto*. A novidade da regulamentação profissional do pós-1930 foi tanto sua efetividade quanto sua modalidade, fundada nos conselhos profissionais.

A primeira profissão regulamentada nos novos termos foi a advocacia. A elite dos advogados brasileiros procurava criar sua entidade corporativa, moldada nos exemplos da Ordem dos Advogados de Paris e de Lisboa, desde o início do Segundo Reinado. Esse era um dos objetivos primordiais do Instituto dos Advogados Brasileiros (IAB), associação de filiação voluntária fundada em 1843.[110]

No entanto, tal intento apenas foi alcançado em 1930, semanas depois de vitoriosa a revolução que pôs fim à República Velha. No decreto em que criou a OAB, datado de 18 de novembro de 1930, o governo provisório delegou ao IAB a organização da entidade corporativa. O regulamento da OAB, elaborado pelo Instituto dos Advogados, foi consolidado pelo Decreto nº 22.478, de 1933. Seus dois primeiros artigos definiam a Ordem como "órgão de seleção, defesa e disciplina da classe dos advogados em toda a República" e "serviço público federal".[111]

Ademais, o regulamento previa que o órgão diretivo da OAB, o Conselho Federal, seria composto por representantes de todas as seções das unidades federativas. Por sua vez, os conselhos estaduais seriam formados por meio de eleições diretas em que votariam todos os filiados da seção. Porém, a maioria dos conselheiros da seção do Distrito Federal seria indicada pelo IAB, sendo o restante eleito diretamente pelos advogados da capital federal. O mesmo dispositivo se aplicava às subseções da OAB de capitais de estado em que houvesse um Instituto dos Advogados filiado ao IAB. Procurava-se, desse modo, evitar que o órgão corporativo desidratasse a tradicional associação de filiação voluntária, além de garantir a influência do Instituto na OAB. Outro instrumento de reforço do IAB pela OAB foi o artigo que reservava um oitavo da renda líquida de cada seção estadual da OAB ao IAB ou ao Instituto dos Advogados filiado ao IAB no caso dos estados em que existisse. Finalmente, o regulamento estabelecia o pagamento obrigatório de uma anuidade que deveria ser realizado pelo inscrito diretamente à sua subseção.

---

110. Venâncio Filho (1982); Fagundes (1995); Pena (1998); Coelho (1999).
111. Decreto nº 22.478, de 20 fev. 1933.

A elite profissional que assumiu a OAB cuidou de criar impedimentos ao exercício da advocacia, com o objetivo de diminuir a oferta de serviços. Para tanto, adotou três medidas, incorporadas pelo regulamento de 1933: 1) interditou o exercício da advocacia para uma parte dos bacharéis: juízes, membros do Ministério Público e funcionários públicos, especialmente da polícia e da Fazenda; 2) reservou a maioria dos atos judiciais aos inscritos na OAB, sobretudo aos advogados; 3) restringiu a atuação dos rábulas, que foram incorporados à Ordem em condição subalterna.

Pouco depois da criação da OAB, o governo regulamentou, pelo Decreto nº 23.569, de 1933, o exercício das profissões de engenheiro, arquiteto e agrimensor, que passaram a ser reservadas aos portadores de diploma superior nessas áreas.[112] Além de obrigados a apresentarem seus diplomas, os profissionais deveriam se inscrever no conselho regional para exercer suas atividades. Como no caso dos advogados, a regulamentação da engenharia deveu-se, em boa medida, à iniciativa da elite profissional. Segundo Marinho, o decreto de 1933 originou-se de anteprojeto elaborado no ano anterior pelo Sindicato Nacional de Engenheiros, com contribuições dos Clubes de Engenharia do Rio de Janeiro e de Pernambuco, do Instituto de Engenharia de São Paulo, da Sociedade Mineira de Engenheiros, da Associação de Engenheiros Civis da Bahia, do Instituto Central de Arquitetos e do Instituto Mineiro de Arquitetura (Marinho, 1986:21).

O decreto de 1933 também estabelecia minuciosamente as atividades privativas aos engenheiros, arquitetos e agrimensores. Nos estados e no Distrito Federal seriam organizados Conselhos Regio-

112. O decreto, todavia, abria uma exceção a tal restrição, permitindo o exercício profissional aos indivíduos que, embora não diplomados, já ocupavam cargos técnicos no Estado ou na iniciativa privada, assim como aqueles já licenciados pelo Estado. Tratava-se de uma solução de compromisso, destinada a permitir que os práticos na ativa continuassem a trabalhar, mas selando sua extinção em uma geração, uma vez que novos práticos não seriam admitidos.

nais, que se subordinariam ao Conselho Federal. A lei outorgava aos conselhos a função estrita de credenciar e fiscalizar o exercício das profissões. O Conselho Federal seria composto por 10 profissionais, dos quais nove escolhidos por escolas de engenharia e arquitetura e associações e sindicatos profissionais das áreas legalmente reconhecidos. No entanto, o único integrante escolhido pelo governo federal assumiria, obrigatoriamente, a presidência do Conselho Federal. A influência do governo no Conselho torna-se ainda mais evidente ao observarmos que o decreto concedia poder de veto ao presidente do Conselho Federal sobre qualquer decisão tomada pelo órgão. Embora o decreto mencionasse, também, doações e subvenções estatais, a principal fonte de rendas dos conselhos possivelmente era a própria categoria profissional, por meio do pagamento (obrigatório) das inscrições profissionais e de multas. A arrecadação dos conselhos reforçou-se com o Decreto-Lei nº 3.995, de 1941, que estabeleceu o pagamento compulsório de anuidade pelos inscritos a ser feito diretamente ao conselho regional a que o profissional pertencesse.

Apenas em 1945, pelo Decreto-Lei º 7.955, é que foram criados os Conselhos de Medicina, incumbidos de zelar pela ética profissional no exercício da medicina. Assim, não se tratou propriamente de estabelecer a regulamentação profissional, mas de organizar os órgãos que, zelando pela ética médica, acabariam, em parte, cumprindo tal papel. Embora o decreto não mencionasse o credenciamento para o exercício da medicina, ele previa a fiscalização da prática, explicitamente atribuída aos conselhos. A lei previa que a renda dos conselhos seria constituída da quinta parte do imposto sindical pago pelos médicos e repassada pelo governo. Em cada estado e território seria organizado um conselho regional, composto por voto direto dos médicos inscritos. O Conselho Federal de Medicina seria dirigido por médicos escolhidos pelos conselhos regionais. O decreto encarregava a própria categoria profissional de organizar os conselhos, ao determinar que as primeiras eleições deveriam ser promovidas pelos sindicatos médicos. Além disso, reconhecia como oficial o código de ética elaborado pelo 4º Congresso Sindicalista Médico Brasileiro.

Ao fim do Estado Novo, além da advocacia, engenharia, arquitetura, agrimensura e medicina, as profissões de farmacêutico, agrônomo e químico haviam sido regulamentadas. A peça fundamental da organização corporativa das profissões de nível superior eram os conselhos nacionais e regionais. Ademais, o ingresso na profissão deveria atender a certas exigências, como o pagamento de contribuição anual, o registro no respectivo conselho e, sobretudo, a posse de um diploma de curso superior (Coelho, 1999:28-29).

A regulamentação das profissões no pós-1930 vincula-se a uma situação de crescente concorrência profissional acarretada pela expansão do ensino superior no país e agravada pela competição imposta aos diplomados pelos práticos. As tabelas 2 e 3 demonstram a contínua e importante expansão das instituições que formavam advogados, médicos e engenheiros desde a Primeira República, assim como o crescimento do número de alunos desses cursos no país.

TABELA 2. **Quantidade de faculdades de direito, medicina, farmácia, odontologia e engenharia no Brasil, 1889-1954**

Ano	Direito	Medicina, farmácia e odontologia	Engenharia
1889	2	2[113]	2
1907	10	9	6
1912	15	21	13
1927	13	30	14
1935	36	90	28
1940	22	58	22
1945	21	46	25
1950	25	56	34
1954	40	71	46

Fontes: Sinopse... (1956); Coelho (1999:267-268).

113. O número refere-se apenas às Faculdades de Medicina.

TABELA 3. **Quantidade de alunos matriculados nas faculdades de direito, medicina, farmácia, odontologia e engenharia no Brasil, 1907-54**

Ano	Direito	Medicina, farmácia e odontologia[114]	Engenharia
1907	2.481	2.889	425
1912	2.728	4.820	1.276
1927	2.525	7.195	1.935
1935	9.861	1.2469	2.005
1940	5.793	7.032	2.172
1945	6.520	9.430	4.567
1950	11.454	13.487	7.103
1954	17.539	15.934	7.828

Fonte: Sinopse... (1956).

A elevação substancial de diplomas de nível superior, demonstrada pelos dados das tabelas 2 e 3, forma o pano de fundo incontornável para a compreensão do investimento na regulamentação das profissões realizado por suas respectivas elites. Por meio dos conselhos profissionais, elas afastaram ou, ao menos, limitaram a concorrência que os práticos faziam aos portadores de diploma. Como o exame dos processos de regulamentação das várias categorias de profissionais liberais evidencia, um de seus elementos estruturantes foi a delimitação do mercado de serviços profissionais e sua reserva aos indivíduos credenciados pela corporação. É estratégico, pois, para a compreensão da regulamentação profissional

114. Embora na terceira coluna estejam agregados os matriculados em cursos de medicina, farmácia e odontologia, os alunos de medicina constituíam a maioria do contingente. Assim, em 1907, os alunos de medicina representavam 75% dos matriculados em cursos de medicina, farmácia e odontologia no Distrito Federal (onde estudava mais da metade dos alunos dos três cursos de todo o país). Em 1932, os alunos de medicina eram 66% entre os matriculados nos cursos de medicina, farmácia e odontologia no Brasil. Esse percentual repetiu-se em 1933 e 1934. Para alguns anos, a fonte apresenta os dados agregados e não separados por curso. Por isso, optei por apresentá-los juntos na tabela (Anuário..., 1927: v. 3; 1937: v. 3).

no pós-1930 o conceito de inspiração weberiana usado pela sociologia das profissões chamado *closure* ou *fechamento*. Assim, por ação direta do Estado ou por sua delegação, as elites profissionais estabeleceram áreas exclusivas de prestação de serviços nas quais apenas os credenciados, no caso, os portadores de diplomas superiores, podiam atuar (Diniz, 2001:30-31). O fechamento foi a via pela qual as profissões de classe média efetivamente foram reguladas a partir do primeiro governo Vargas.

Os conselhos profissionais se incumbiram não apenas de controlar o acesso e a permanência no mercado profissional, mas se tornaram, igualmente, representantes dos interesses de suas categorias ante o Estado. Assim, a organização corporativa desejada pelas elites profissionais fundiu-se ao projeto corporativista implementado pelo Estado a partir de 1930. Uma das consequências dessa fusão foi que os conselhos profissionais passaram a participar da escolha dos representantes corporativos nos órgãos legislativos. Em 1933, por exemplo, a OAB tomou parte da eleição dos deputados classistas que deveriam representar os profissionais liberais na Assembleia Nacional Constituinte. Um dos escolhidos foi o presidente da Ordem, Levi Carneiro, representando os advogados (Pechman, 2015).

A fundação dos sindicatos dos advogados

No entanto, com a autorização para o funcionamento de sindicatos de profissionais liberais, o Estado impossibilitou que os conselhos exercessem com exclusividade a representação dos interesses de suas categorias profissionais. A lei de sindicalização de 1931[115] não mencionava as profissões de classe média. Porém, a lei que a subs-

115. Decreto nº 19.770, de 19 mar. 1931.

tituiu,[116] em 1934, incluiu entre os indivíduos que poderiam se sindicalizar "os que exerçam profissão liberal" e previu a criação da Confederação Nacional das Profissões Liberais. O Decreto-Lei nº 1.402, de 1939, que substituiu a lei de sindicalização de 1934, também abrangeu as profissões de nível superior e previu, igualmente, a criação da Confederação Nacional das Profissões Liberais. O Decreto-Lei nº 2.381, de 1940, que complementou o decreto de 1939, listou os 16 grupos profissionais que compunham as profissões liberais. Entre eles, estavam os advogados, economistas, engenheiros e médicos. A Consolidação das Leis Trabalhistas[117] também tratou da sindicalização dos profissionais liberais.

A atitude da OAB em relação aos sindicatos de advogados evoluiu de uma posição de distanciamento e incômodo para uma oposição ativa que pretendeu abolir os órgãos sindicais da categoria profissional.

O Sindicato Brasileiro de Advogados é o primeiro sindicato da categoria de que se tem notícia. Fundado em 1934, foi reconhecido pelo Ministério do Trabalho no mesmo ano (*Jornal do Brasil*, 3 out. 1934:12). Apenas algumas semanas após o reconhecimento do sindicato pelo governo, o Conselho Federal da OAB debateu sua existência. Na sessão de 30 de outubro, alguns conselheiros federais, como Rego Lins, que compunha, simultaneamente, a direção do sindicato, opinaram que "a legislação reguladora da organização sindical não colide com o citado Regulamento [da OAB]".[118] Pouco depois, na sessão de 20 de novembro, o Conselho Federal voltou ao tema para debater a colaboração solicitada pelo sindicato. A ata da sessão não esclarece os termos da colaboração pretendida pelo Sindicato Brasileiro de Advogados com a OAB. De qualquer modo,

116. Decreto nº 24.694, de 12 jul. 1934.
117. Decreto-Lei nº 5.452, de 1º maio 1943.
118. CF-OAB. Ata de sessão do Conselho Federal, 30 out. 1934.

o Conselho Federal decidiu, por unanimidade, negar-se a colaborar com o sindicato.[119]

Malgrado a resistência do Conselho Federal, o Sindicato Brasileiro de Advogados teve seu caráter de representante da categoria profissional reconhecido pelo governo. Em função disso, em 1935, elegeu um deputado-eleitor para tomar parte da eleição de representantes profissionais à Câmara Municipal do Distrito Federal (*Jornal do Brasil*, 23 jun. 1935:9; 29 jun. 1935:7). Além de exercer a representação política dos advogados, o sindicato participou da elaboração de um projeto previdenciário para a categoria profissional. Assim, em agosto de 1936, o ministro do Trabalho recebeu uma comissão do sindicato para debater a criação da Caixa de Aposentadoria e Pensões dos Advogados (*Jornal do Brasil*, 9 ago. 1936:6). No ano seguinte, o sindicato enviou à OAB sugestões ao projeto de lei que criava o Instituto de Pensões e Aposentadoria dos Advogados.[120]

Pelas atas do Conselho Federal da OAB dos anos de 1940 e 1941, sabe-se da existência, no período, de um sindicato de advogados em Santos, fundado em data que ignoro. Em agosto de 1940, o Conselho Federal examinou a decisão da OAB paulista de impugnar o reconhecimento desse sindicato. Embora a ata apresente a decisão da OAB-SP nesses termos, é improvável que a seção paulista da Ordem tivesse poderes legais para tanto. Possivelmente, tratava-se de uma

119. Na ocasião, o presidente da Ordem, Levi Carneiro, fez uma declaração de voto "mostrando que a Constituição de 16 de julho não impôs a sindicalização de quaisquer profissões e que a dos advogados tem já desde 1930, um tipo específico de organização, mais avançada, aliás, que a dos próprios sindicatos, sem a mesma finalidade deles, mas que irrecusavelmente poderia assumir, sem prejuízo das que lhe são próprias, mediante modificação de sua lei orgânica a Ordem dos Advogados". O presidente da OAB, contudo, reconheceu a legalidade do sindicato dos advogados, "embora em sua opinião pessoal achasse preferível que a lei houvesse excluído a formação de sindicato de advogados" (CF-OAB. Ata de sessão do Conselho Federal, 20 nov. 1934).
120. CF-OAB. Ata de sessão do Conselho Federal, 25 ago. 1937.

tentativa de anular o reconhecimento do Sindicato de Advogados de Santos pelo governo. De todo modo, o relator da matéria no Conselho Federal, Francisco Martins de Almeida, concluiu pela coexistência entre a Ordem e o sindicato. Houve intervenções favoráveis e contrárias à posição do relator e a decisão foi adiada.[121] Apenas em fevereiro de 1941, o Conselho Federal reexaminou a questão, para aprovar, contra o voto apenas do representante piauiense, o parecer de Martins de Almeida, "o qual conclui que, em face do Decreto 2.533, a advocacia é profissão sindicalizável, podendo os sindicatos coexistir harmonicamente com a Ordem dos Advogados".[122]

Em meados de 1941, o Sindicato Brasileiro de Advogados passou a chamar Sindicato de Advogados do Rio de Janeiro, para se adaptar à lei de sindicalização de 1939. Uma matéria do *Diário de Notícias*, de 10 de agosto de 1941, esclarecia que o sindicato exercia sua "função representativa" exclusivamente no Distrito Federal (*Diário de Notícias*, 10 ago. 1941: 2ª seção, p. 10).

A vitória, ainda que provisória, da chapa do sindicato carioca nas eleições do Conselho Seccional do Distrito Federal em fins de 1940 provocou uma inflexão na atitude do Conselho Federal da OAB para com os sindicatos de advogados.[123] As leis foram anuladas pelo Conselho Federal, mas o episódio demonstrou uma notável capacidade política do grupo que comandava o sindicato, ao impor uma

---

121. CF-OAB. Ata de sessão do Conselho Federal, 20 ago. 1940.
122. CF-OAB. Ata de sessão do Conselho Federal, 18 fev. 1941.
123. *A Noite* (21 dez. 1940:10); *Diário de Notícias* (17 maio 1941: 1ª seção, p. 4); CF-OAB. Ata de sessão do Conselho Federal, 20 maio 1941; CF-OAB. Ata de sessão do Conselho Federal, 23 maio 1941; CF-OAB. Ata de sessão do Conselho Federal, 27 maio 1941; CF-OAB. Ata de sessão do Conselho Federal, 28 maio 1941; CF-OAB. Ata de sessão do Conselho Federal, 30 maio 1941; CF-OAB. Ata de sessão do Conselho Federal, 1º jun. 1941; CF-OAB. Ata de sessão do Conselho Federal, 2 jun. 1941; CF-OAB. Ata de sessão do Conselho Federal, 3 jun. 1941; CF-OAB. Ata de sessão do Conselho Federal, 4 jun. 1941; CF-OAB. Ata de sessão do Conselho Federal, 10 jun. 1941; CF-OAB. Ata de sessão do Conselho Federal, 17 jun. 1941.

derrota eleitoral ao grupo de advogados, agregados na Chapa Azul, que dominava o Conselho da OAB do Distrito Federal desde sua fundação e tinha presença decisiva tanto no Conselho Federal da Ordem quanto na direção do IAB (Lessa e Linhares, 1991:16-25, 38-39; Mattos, 2013:138-141).

Em junho de 1941, o *Correio da Manhã* noticiou, sem, entretanto, oferecer mais detalhes ou apresentar as fontes da informação, que se encontravam em formação sindicatos de advogados em São Paulo, Minas Gerais, estado do Rio de Janeiro e Pernambuco (*Correio da Manhã*, 8 jun. 1941:3). Ao que consta, desses, apenas o sindicato paulista foi criado no período abrangido pelo presente capítulo (Almeida, 2005:50). Não encontrei qualquer indício de que sindicatos de advogados nos outros estados mencionados pelo jornal tenham sido fundados no pré-1964. De todo modo, a notícia da tentativa de formação de sindicatos nesses estados de grande concentração de advogados tendia a reforçar a oposição aos sindicatos por parte da elite profissional que controlava a OAB e o IAB.

Assim que a vitória da chapa do Sindicato de Advogados do Rio de Janeiro nas eleições do Conselho do Distrito Federal da OAB foi anulada pelo Conselho Federal, o IAB colocou em marcha um plano para extinguir o sindicato. Sob a presidência de Edmundo Miranda Jordão, o Instituto encarregou o jurista Hermes Lima de elaborar um parecer acerca da legalidade do funcionamento do sindicato. Nele, Hermes Lima propôs a extinção do sindicato e a incorporação de seu patrimônio pelo IAB (*Diário de Notícias*, 10 jul. 1941: 1ª seção, p. 4). Um artigo anônimo publicado no *Correio da Manhã* no início de agosto de 1941 atacou a iniciativa do IAB, considerando-a ilegal e inspirada "num sentimento de ódio nascido de lutas e rivalidades de associações" (*Correio da Manhã*, 2 ago. 1941:4).

Em 1942, o Conselho Federal aderiu ao combate aos sindicatos de advogados liderado pelo IAB. Em maio daquele ano, o presidente do Instituto, Edmundo Miranda Jordão, compareceu a uma sessão do Conselho Federal. O pretexto foi o pronunciamento conjunto entre o IAB e o Instituto dos Advogados do Rio Grande do Sul contra a organização do Sindicato dos Advogados desse estado.[124] O Sindicato dos Advogados do Rio Grande do Sul fora reconhecido pelo Ministério do Trabalho em 1º de agosto de 1941.[125] Na sessão do Conselho Federal, Miranda Jordão afirmou que "não podem existir harmonicamente o Sindicato e a Ordem, e que esta, por sua finalidade, já constitui um órgão de defesa dos interesses da classe".[126]

Na mesma sessão, o Conselho Federal deliberou encarregar seu presidente de entender-se com o ministro do Trabalho sobre o assunto. Ainda que a ata não seja explícita, ela sugere que o Conselho Federal encampara a proposta do IAB de abolir os sindicatos de advogados.[127] Na semana seguinte, o presidente da OAB, Fernando de Mello Viana, relatou ao Conselho Federal

> que teve um entendimento com o sr. Ministro do Trabalho, sobre o caso do Sindicato dos Advogados do Rio Grande do Sul e, depois de expor o caso [...] sua excelência lhe comunicara que somente decidiria definitivamente, a respeito, depois que o Conselho Federal externasse a sua deliberação no processo que ora se encontra em estudo com o respectivo relator.[128]

Assim, o ministro do Trabalho, Marcondes Filho, impelia a OAB a assumir publicamente sua posição contrária aos sindicatos de advogados. Quase dois meses depois, o Conselho Federal decidiu o seguinte:

---

124. CF-OAB. Ata de sessão do Conselho Federal, 19 maio 1942.
125. Estatuto Social do Sindicato dos Advogados no Estado do Rio Grande do Sul, 1997. Disponível em: www.siscomp.com.br/sindadvrs/. Acesso em: 10 nov. 2015.
126. CF-OAB. Ata de sessão do Conselho Federal, 19 maio 1942.
127. CF-OAB. Ata de sessão do Conselho Federal, 19 maio 1942.
128. CF-OAB. Ata de sessão do Conselho Federal, 26 maio 1942.

I. Que se oficie ao Ministro do Trabalho pedindo-lhe a supressão, no quadro da Confederação Nacional das Profissões Liberais, decreto-lei nº 1.402, de 1939, do grupo Advogados, cassado, em consequência os reconhecimentos já concedidos, sem prejuízo da sindicalização livre prevista na Constituição. II. Que, em qualquer hipótese se obtenha do mesmo Ministro, mande suspender a cobrança obrigatória do imposto sindical de advogados.[129]

O Conselho Federal adotava, assim, uma tática bifronte. Em primeiro lugar, procurava anular o reconhecimento governamental dos sindicatos de advogados existentes (que eram, neste momento, ao menos, dois: o do Rio de Janeiro e o do Rio Grande do Sul). Em segundo lugar, na hipótese de que os sindicatos continuassem reconhecidos pelo governo, procurava asfixiá-los financeiramente, retirando o que provavelmente era a sua principal fonte de receita, o imposto sindical.

Em junho de 1943, o *Correio da Manhã* publicou uma carta do presidente do Sindicato dos Advogados do Rio de Janeiro, Aurélio Silva, motivada por publicação anterior de artigo que defendia a ilegalidade da sindicalização dos advogados. Ao propugnar a coexistência entre a Ordem e o sindicato, Aurélio Silva argumentou:

> Entre o Sindicato de Advogados e a Ordem não há colisão de atribuições. O objetivo dos fundadores do Sindicato foi preencher uma lacuna, visto como, embora algumas atribuições dadas à Ordem estejam consignadas entre as conferidas ao Sindicato, todas as confiadas a este, órgão de feição precipuamente econômica, não foram delegadas àquela, destinada, antes, pela lei que a criou [...] à "seleção e disciplina" da classe [*Correio da Manhã*, 2 jun. 1943:2].

129. CF-OAB. Ata de sessão do Conselho Federal, 14 jul. 1942.

Fracassada a tentativa de retirar o reconhecimento oficial dos sindicatos de advogados, a OAB prosseguiu investindo contra a contribuição obrigatória. Em abril de 1944, o presidente da OAB comunicou ao Conselho Federal ter solicitado ao ministro do Trabalho a anulação da deliberação da Comissão de Imposto Sindical, que, a pedido do Sindicato dos Advogados do Rio Grande do Sul, confirmou a obrigatoriedade do pagamento do imposto sindical pelos advogados.[130] Em agosto de 1944, o Conselho Federal deliberou reiterar "a recomendação já feita aos Conselhos Seccionais no sentido de que não deviam pagar o imposto sindical".[131] Em novembro daquele ano, o Conselho Federal tomou conhecimento de um ofício encaminhado pela Delegacia Regional do Trabalho à seção gaúcha da OAB determinando a suspensão dos advogados que se recusassem a pagar o imposto sindical. Considerando que a questão estava pendente, em virtude da solicitação feita pelo presidente da Ordem ao ministro do Trabalho, o Conselho Federal instruiu a seção gaúcha a ignorar a determinação da Delegacia Regional do Trabalho.[132]

No início da década de 1950, em razão da criação de um sindicato num dos estados de maior concentração de advogados no país, São Paulo, a cruzada da OAB contra os sindicatos de advogados ganhou novo ímpeto. Na sessão de 26 de maio de 1953, o Conselho Federal examinou um projeto de lei elaborado pelo deputado federal Antônio Silva Cunha Bueno (PSD-SP) que atribuía funções sindicais à Ordem dos Advogados. Washington de Almeida, representante paulista no Conselho Federal, ao apresentar o projeto, explicou que ele era patrocinado pela seção paulista da Ordem:

130. CF-OAB. Ata de sessão do Conselho Federal, 25 abr. 1944.
131. CF-OAB. Ata de sessão do Conselho Federal, 1º ago. 1944.
132. CF-OAB. Ata de sessão do Conselho Federal, 14 nov. 1944.

[...] O estudo [que originou o projeto de lei] [...] proveio da surpresa que [a seção paulista] teve com o reconhecimento, pelo Poder Público, do Sindicato dos Advogados de São Paulo, composto, apenas, de trinta e cinco advogados; e, que, após este reconhecimento, baixou determinações sobre o recolhimento do imposto sindical de toda classe que ascende a, mais ou menos, quatro mil advogados.[133]

Washington Almeida exortou o Conselho Federal a apoiar o projeto de lei. Letácio Jansen, que fora dirigente do Sindicato do Rio de Janeiro na década de 1940, manifestou-se contrariamente à proposta.[134] Apenas em outubro de 1954 é que o Conselho Federal voltou a debater o projeto de lei do deputado paulista, deliberando apoiá-lo.[135] Consagrava-se, assim, um novo artifício empregado pela OAB no combate aos sindicatos, que seria combinado com a tentativa de abolir o imposto sindical para os advogados. Ao que parece, o projeto de lei de Cunha Bueno não foi aprovado, pois o tema da incorporação da função sindical pela OAB (ou mais precisamente, a sua necessidade) foi debatido na 1ª Conferência Nacional da OAB, realizada em 1958. Os anais da conferência revelam o compartilhamento entre seus participantes da opinião de que os sindicatos de advogados não deveriam existir. Em pronunciamento feito durante o encontro, o presidente da Ordem, Nehemias Gueiros, esclareceu que o projeto de novo regulamento da entidade previa tanto a extinção do imposto sindical quanto a atribuição de função sindical à OAB:

Os sindicatos só proliferam, só florescem à custa da obrigatoriedade do Imposto Sindical [...] incluímos no anteprojeto um dispositivo que, ao meu ver, resolve o problema sem atingir a Constituição e essa vocação

133. CF-OAB. Ata de sessão do Conselho Federal, 26 maio 1953.
134. CF-OAB. Ata de sessão do Conselho Federal, 26 maio 1953.
135. CF-OAB. Ata de sessão do Conselho Federal, 26 out. 1954.

> universal sindicalista [...] Tal dispositivo declara que o advogado que paga anuidade à Ordem dos Advogados está isento do pagamento do Imposto Sindical.
> [...] Com esse fato, [a OAB] também se torna sindicato — órgão de atividade sindical — sem as explorações demagógicas e eleitoreiras da atividade sindical no Brasil [Anais..., 1987:487-488].

Aprovado em 1963, o novo estatuto da OAB,[136] de fato, desobrigou os seus filiados do pagamento do imposto sindical. O seu artigo 143 estabelecia: "O pagamento de contribuição anual à Ordem exclui os inscritos nos seus quadros de incidência obrigatória do imposto sindical".

Ademais, o estatuto de 1963 procurou garantir à entidade a primazia da representação da categoria profissional ao dispor no parágrafo único do seu artigo 1º que "Cabe à Ordem representar, em juízo e fora dele, os interesses gerais da classe dos advogados e os individuais, relacionados com o exercício da profissão".

A incorporação da função sindical pela OAB

Em razão da crise que atingiu a advocacia a partir da década de 1950, a legitimidade da OAB como representante da categoria profissional passou a depender, de modo significativo, de sua capacidade de atuar em termos sindicais. A Ordem era acusada de não zelar pelas condições de vida material dos seus filiados. Em 1954, Letácio Jansen, na condição de conselheiro federal da OAB, fez um ataque a partir de dentro. Em sessão do Conselho Federal, afirmou que os advogados não contavam sequer com garantias profissio-

136. Lei nº 4.215, de 27 abr. 1963.

nais elementares, como aposentadoria e tabela de honorários. Em seguida, defendeu que a Ordem se incumbisse desses temas, além de pensões para dependentes de advogados. E acrescentou que o Conselho Federal deveria tornar "úteis as Caixas de Advogado, que hoje são apenas monumentos arquitetônicos".[137]

Em 1958, foi criada uma associação de advogados dedicada à pauta sindical, a União Nacional dos Advogados (UNA). Os fundadores eram advogados cariocas que pretendiam que a entidade tivesse presença nacional. Um dos dirigentes da UNA, Tanus Jorge Bastani, ao conceder uma entrevista ao *Correio da Manhã*, explicou que a nova entidade pretendia atuar numa esfera em que avaliava que a OAB se omitia, a defesa dos interesses econômicos da categoria profissional:

> O que nos levou a tomar uma atitude enérgica e decidida, a favor da nossa classe, foi o abandono completo em que se encontram os advogados militantes no Brasil, os quais, embora sob a égide dos Conselhos Regionais da Ordem dos Advogados, jamais obtiveram qualquer amparo, quer em suas vidas profissionais, quer como particulares [*Correio da Manhã*, 30 jul. 1958: 1º caderno, p. 3].

Ao detalhar as ações planejadas pela UNA, Bastani mencionou não apenas a proteção social do advogado, mas, igualmente, a defesa e a ampliação do mercado de trabalho. Tal ênfase parece refletir a situação de oferta excessiva de bacharéis em direito:

> Ao encetarmos a fundação da União Nacional dos Advogados, com a sigla UNA, foi com o fito de cooperar com os poderes constituídos e exigir desses mesmos poderes imunidades profissionais ao advogado

137. CF-OAB. Ata de sessão do Conselho Federal, 25 maio 1954.

militante, aposentadoria, benefício de casa própria, hospitais e amparo médico-dentário e, ainda, férias coletivas, tribunais de alçada, nomeações de advogados militantes de comprovada idoneidade para cargos e funções públicas onde devem prevalecer os bacharéis em Direito e não militares ou protegidos políticos, maior respeito e acatamento por parte dos Poderes Públicos ao profissional no exercício do mandato, ampla publicidade para os concursos e provimentos de assistentes ou consultores jurídicos, juízes e promotores públicos, seleção, na classe, com expulsão dos maus, uso obrigatório da inscrição profissional em todo o País sem a exigência de inscrição em seções regionais [*Correio da Manhã*, 30 jul. 1958: 1º caderno, p. 3].

Antes de examinar a assunção da pauta sindical pela OAB, premida pelas críticas mencionadas que a acusavam de não proteger os interesses econômicos dos advogados, é preciso dimensionar a crise que atingia a profissão neste momento. O primeiro aspecto da crise da advocacia era a oferta excessiva de profissionais. Em 1950, 1.321 estudantes de direito concluíram seu curso. Em 1957, foram 3.065 (Sinopse..., c. 1958:9). Em 1950, existiam 15.566 advogados no país; em 1960, eles eram 30.066 (Falcão, 1984:180). A OAB combateu a inflação de diplomas procurando conter a expansão do ensino jurídico (no que dependia do Estado e não foi bem-sucedida) e aumentando as exigências para o ingresso e o exercício profissional, como o exame e o estágio (Mattos, 2013:101-107).

O segundo aspecto da crise da advocacia era a mudança do perfil da profissão. Numa pesquisa realizada em 1970, Olavo Brasil de Lima Júnior, Lucia Klein e Antônio Martins apontaram as transformações que a modernização capitalista brasileira impunha à advocacia, como a inadequação da formação do advogado ante as novas exigências do mercado de trabalho, modificações na atividade profissional (expansão do assalariamento e da advocacia consultiva) e desenvolvimento de novos ramos do Direito (Lima Jr. et al., 1970).

A ausência de dados quantitativos acerca do perfil profissional dos advogados na década de 1950 impossibilita concluir que o advogado assalariado tenha se tornado mais numeroso que o advogado de tipo profissional liberal. Contudo, é possível afirmar que o assalariamento se expandiu na categoria profissional no período, como aponta a pesquisa mencionada anteriormente. Também corrobora essa tese o depoimento de Benedito Calheiros Bonfim, integrante do Conselho da OAB da Guanabara desde fins da década de 1960 e presidente do IAB na década de 1990. Em entrevista concedida a Renato Lessa e Leila Linhares, no âmbito de um projeto sobre a história da OAB fluminense patrocinado pela própria entidade, Bonfim afirma:

> Ainda era uma época em que o advogado, isso mais ou menos até 50, era tão pequeno o número de advogados assalariados, que embora eu não o fosse, a não ser nesse pequeno período em que estive no Sindicato dos Bancários, soava de maneira pejorativa o advogado dizer que era empregado. Porque o que dominava era o profissional liberal típico e o número, com a industrialização, o crescimento econômico do país, começava a se formar um outro segmento embora ainda muito limitado, que era desses empregados assalariados, que eram malvistos, porque assim como se fosse uma espécie de terceira categoria, em relação aos quais havia uma certa subestimação, senão menosprezo. Aqueles advogados não podiam imaginar que alguém recebesse um salário e pudesse, ao mesmo tempo, ser um profissional liberal. Para eles era uma descaracterização da profissão [Lessa e Linhares, 1991:26].

Mesmo entre os advogados que mantinham o padrão liberal de atividade, a concorrência profissional parecia acarretar diminuição de seus rendimentos. Assim, o tema da proletarização da advocacia tornou-se constante, a partir da década de 1950, nas reuniões do Conselho Federal e nas Conferências Nacionais da OAB. O assalariamento e a diminuição dos proventos de parte da categoria profissional eram percebidos pela elite corporativa como um risco ao prestígio social dos advogados. Os autores da pesquisa *O advogado e o Estado no Brasil* registraram essa percepção entre os participantes da IV Conferência Nacional da OAB, ocorrida em 1970 (Lima Jr. et al., 1970:54-56).

Há, porém, outras evidências nesse sentido, em declarações de dirigentes corporativos feitas ao longo da década de 1950 e no início da década seguinte. Em seu discurso de posse na presidência da OAB, em meados de 1954, Seabra Fagundes declarou:

> [...] muitos profissionais há nos Estados e aqui mesmo, a maioria decerto, que dela mal retiram o indispensável. Somente uma minoria vive, hoje, ao abrigo das inquietações a que o curso da vida pode, de momento, lançar qualquer um de nós, pela impossibilidade de produzir. Somente uma minoria se guarda tranquila em relação ao futuro econômico da família sobrevivente.[138]

Outro exemplo foi dado por Povina Cavalcanti, em agosto de 1962, ao assumir a presidência da Ordem:

> Deixei para o fim o dever de proclamar que a classe dos advogados do Brasil sofre, no seu espírito e na sua carne, a maior crise da sua história: a crise da sua proletarização, a qual necessitamos combater com todas as energias de que somos capazes. O advogado, nas capitais, como no interior, salvo exceções, luta desesperadamente. Precisamos levar-lhe o nosso apoio e a nossa solidariedade. Proletário, sim, com o brilho do colarinho engomado se apagando no plenário dos tribunais ou nas audiências do juiz singular, o advogado é a maior vítima dessa inflação galopante, que nos ameaça a todos. Convoco os meus eminen-

138. CF-OAB. Ata de sessão do Conselho Federal, 11 ago. 1954.

> tes colegas do Conselho Federal para a mais séria, a mais dramática das nossas cogitações: a aplicação de uma terapêutica heroica, que restitua aos advogados a sua qualificação social. O Egrégio Conselho – é certo – não se tem descurado do assunto, honra lhe seja. Mas necessitamos fazer um pouco mais, algo de mais imediato, que redima a classe de sua proletarização.[139]

Naquele mesmo ano, o conselheiro federal da OAB Letácio Jansen lamentava que um advogado assalariado pudesse receber menos do que um motorista da Câmara dos Deputados (Gueiros, 1964:208).

Ao assumir a pauta sindical, o Conselho Federal operou uma inflexão na trajetória da OAB. Até aquele momento, a atribuição que a lei concedia à Ordem de defender a advocacia era traduzida por ações que visavam proteger a categoria profissional contra arbitrariedades estatais, destacadamente da polícia e da magistratura (Mattos, 2013:215-216). A partir da década de 1950, a defesa da profissão passou a significar, também, piso salarial e previdência social. Desde 1955, e de modo intermitente, o Conselho Federal debateu um piso salarial a ser fixado por lei para os advogados do país.[140]

Ademais, ao longo de uma década, o Conselho Federal comandou a elaboração de um projeto de seguridade social para os advogados. Depois de importantes divergências no interior da elite profissional acerca do modelo previdenciário a ser adotado, a 2ª Conferência Nacional da OAB, realizada em 1960, aprovou um projeto de previdência social para os advogados com os seguintes pontos: a) criação de uma carteira autônoma para os advogados, a ser fiscalizada pela OAB, no interior de um instituto previdenciário oficial, o Instituto de Previ-

---

139. CF-OAB. Ata de sessão do Conselho Federal, 11 ago. 1962.
140. CF-OAB. Atas de sessão do Conselho Federal, 22 nov. 1955; CF-OAB. Atas de sessão do Conselho Federal, 27 ago. 1957; CF-OAB. Atas de sessão do Conselho Federal, 15 maio 1962; CF-OAB. Atas de sessão do Conselho Federal, 15 dez. 1964.

dência e Assistência dos Servidores do Estado (Ipase); b) cobertura previdenciária para todos os filiados à OAB e seus dependentes; c) os benefícios previstos eram aposentadoria e pensão; d) rateio dos custos dos benefícios entre advogados, clientes e Estado (Anais..., 1961:183-193). A OAB mobilizou apoios no Congresso Nacional para transformar essa proposta em projeto de lei e aprová-lo. A Lei nº 4.103-A/1962 reproduzia, quase integralmente, a proposta aprovada pela 2ª Conferência Nacional dos Advogados (Gueiros, 1964:141-226).

A sindicalização dos advogados e dos profissionais liberais

Até 1960, a taxa de sindicalização entre os advogados brasileiros foi muito baixa, girando em torno de 2%, como se pode observar na tabela 4. No entanto, ao longo da década de 1960, a filiação sindical dos advogados cresceu significativamente, quase alcançando o patamar de 15%, o que, possivelmente, se explique pelo progressivo assalariamento da profissão.

TABELA 4. **Sindicalização de advogados no Brasil, 1950 a 1970**

Ano	População de advogados	Advogados sindicalizados	% de advogados sindicalizados
1950	15.566	357[141]	2,29
1960	30.066	705	2,34
1970	37.719	5.498	14,57

Fontes: Anuário... (1956: v. 17; 1962: v. 23; 1972: v. 33; Venâncio Filho (1982:45, 62); Falcão (1984:180); Guimarães e Bessone (2003:48).

141. Esse número refere-se ao ano de 1954. Portanto, o cálculo do percentual de advogados sindicalizados para 1950 é imperfeito, pois compara a população de advogados de 1950 e o número de advogados sindicalizados em 1954.

Ainda assim, a taxa de sindicalização alcançada pela advocacia em 1970 era mais baixa que a experimentada por outras profissões tradicionais de classe média, como a engenharia e a medicina, em meados da década de 1950, como demonstra a tabela 5:

TABELA 5. **Sindicalização de algumas categorias de profissionais liberais no Brasil, 1954**

Categoria	População	Sindicalizados	% de sindicalizados
Engenheiros	11.566	3.048	26,35
Dentistas	15.532	2.933	18,88
Médicos	23.195	4.293	18,50
Veterinários	1.075	119	11,06
Farmacêuticos	12.202	294	2,24

Fonte: Anuário... (1956: v. 17).

Infelizmente, não temos dados acerca da taxa de sindicalização em 1970 das profissões relacionadas na tabela 5. Isso permitiria saber se, no limiar da década de 1970, a advocacia tinha alcançado o nível de sindicalização das outras profissões de classe média.

A alta taxa de sindicalização dos engenheiros (26,35%, em 1954) fortalece a hipótese de vinculação entre assalariamento e adesão aos sindicatos pelos profissionais liberais. Marli Diniz (2001:52) observa a forte presença dos engenheiros no funcionalismo público desde a década de 1930.

Ainda em relação aos engenheiros, a proximidade entre o sindicato e o conselho profissional (como se apontou, o segundo originou-se de uma iniciativa liderada pelo primeiro) também pode ter contribuído para a maior sindicalização da categoria profissional.

Schmitter explica o baixo índice de sindicalização das classes médias pela existência de entidades de associação voluntária e pela filiação obrigatória aos conselhos profissionais, que articulavam os interesses da categoria profissional:

> Embora provenham as habilidades técnicas e profissionais que suportam toda a estrutura das associações representativas, os setores médios não têm demonstrado qualquer capacidade marcante de auto-organização. Sua participação no sistema sindical tem sido mínima. O número de sindicatos locais permanece mais ou menos estável (eram 120 em 1962). Apenas quatro federações foram formadas. Em 1953, a Confederação Nacional das Profissões Liberais foi criada, mas ela nunca se tornou um porta-voz ativo dos setores médios. O fracasso do sindicalismo talvez esteja menos relacionado à baixa propensão ao associativismo da parte desses grupos do que à existência de associações privadas e das ordens ou conselhos profissionais. Há toda uma rede de conselhos regionais e nacionais para advogados, médicos, contadores, engenheiros e arquitetos, assistentes sociais e bibliotecários. A filiação a tais conselhos é obrigatória para os profissionais e eles desempenham regularmente o papel de articuladores de interesses, assim como servem para regulamentar e moralizar suas profissões. Líderes dos sindicatos e das associações profissionais privadas alegam que a filiação compulsória aos conselhos torna os indivíduos relutantes em participar de outras entidades. Não obstante, esses mesmos líderes dispendem uma boa parte de seu esforço político para obter assentos nesses conselhos [Schmitter, 1971:203-204, tradução minha].

Grosso modo, concordo com a tese de Schmitter, mas proponho matizá-la, pois, como demonstram os dados das tabelas 4 e 5, a adesão das classes médias aos sindicatos variou significativamente de uma categoria para outra. Além disso, há indícios de uma tendência geral de expansão da sindicalização das classes médias desde a década de 1930, pelo crescimento do número de sindicatos, conforme se pode observar na tabela 6.[142]

Excetuando o declínio abrupto ocorrido entre 1939 e 1941 (que talvez se deva à lei de sindicalização de 1939) e a queda ligeira entre 1961 e 1962, houve um crescimento no número de sindicatos de profissionais liberais entre 1934 e 1964. Também se elevou, no período, o número de federações de profissões de classe média, ainda que não tenham sido mais do que quatro. O número de profissionais sindicalizados, igualmente, ampliou-se, saltando de cerca de 10 mil em 1938 para mais de 50 mil em 1964. Nesse caso, entretanto, pela falta de dados estatísticos sobre a população dos profissionais liberais no período, não é possível afirmar que o crescimento tenha implicado aumento da taxa de sindicalização dos profissionais de classe média.

142. É necessário advertir sobre a relativa precariedade dos dados relativos à sindicalização presentes nas tabelas 4, 5 e 6. Eles são, em maioria, originários dos inquéritos sindicais desenvolvidos pelo IBGE anualmente, desde 1953. Adalberto Cardoso, ao reconhecer a relevância dos dados coletados pelo IBGE admite suas limitações. Ele registra que "José Albertino Rodrigues [...] foi o primeiro autor a lançar mão destes dados, e formular desde logo um alerta quanto à qualidade questionável das informações mantidas pelos sindicatos, sobretudo no que respeita ao número de associados". Adalberto Cardoso acrescenta que, com o passar do tempo, o levantamento ganhou maior aderência dos dirigentes sindicais: em 1953, 69% dos sindicatos respondeu ao questionário do IBGE; em 1968, foram 86,5% (Cardoso, 2006). No que tange especificamente à cobertura em relação à sindicalização dos profissionais liberais, ela também se amplia. Entre 1953 e 1968, o inquérito sindical contou com uma participação que variou de 39,21% (em 1954) a 81,57% (em 1968). Nesse mesmo período, com exceção do ano de 1954, a abrangência da pesquisa foi sempre superior a 50% dos sindicatos de profissionais liberais. Os dados sobre o número de sindicatos parecem mais confiáveis que sobre o número de filiados, já que os sindicatos eram registrados pelo Ministério do Trabalho.

TABELA 6. **Sindicatos, federações e confederação de profissionais liberais no Brasil, 1934-64**[143]

Anos	Confederações de profissões liberais	Federações de profissões liberais	Sindicatos de profissões liberais	Profissionais liberais sindicalizados
1934	0	0	25	0
1938	0	0	118	10.252
1939	0	1	129	0
1941	0	0	37	0
1942	0	0	53	0
1943	0	0	61	0
1944	0	0	65	0
1945	0	0	67	0
1946	0	0	69	0
1947	0	0	71	0
1948	0	2	79	0
1949	0	3	81	0
1950	0	3	87	0
1951	0	3	90	0
1952	0	3	94	21.409
1953	0	3	98	22.550
1954	1	3	102	22.969
1955	1	3	106	24.153
1956	1	4	108	26.174
1957	1	4	108	34.658
1958	1	4	112	32.020
1959	1	4	114	34.114
1960	1	4	116	40.491
1961	1	4	118	36.650
1962	1	4	116	38.077
1963	1	4	120	49.195
1964	1	4	120	50.586

Fontes: Anuário... (1936: v. 2; c. 1941: v. 5; 1946: v. 6; 1947: v. 7; 1948: v. 8; 1949: v. 9; 1950: v. 10; 1952: v. 12; 1953: v. 14; 1954: v. 15; 1955: v. 16; 1956: v. 17; 1957: v. 18; 1959a: v. 19; 1959b: v. 20; 1960: v. 21; 1961: v. 22; 1962: v. 23; 1963: v. 24; 1964: v. 25; 1965: v. 26).

143. Encontrei divergências (não muito grandes) nas publicações do IBGE quanto ao número de sindicatos e, especialmente, ao número de sindicalizados. Quando isso aconteceu, anotei na tabela o menor número.

Conclusão

A duplicidade de representação configurou-se em recurso a garantir ao Executivo uma margem de manobra na sua relação com os advogados. Embora a OAB tenha surgido da necessidade de a Revolução de 1930 consolidar sua base social, a entidade paulatinamente autonomizou-se do Estado. O monopólio da representação da categoria profissional fortaleceria o poder da Ordem, mas, simultaneamente, implicaria risco para o Executivo, como ficou demonstrado no final do Estado Novo e no governo João Goulart, quando a OAB assumiu posições antigovernistas. O governo, desde a década de 1930, eximiu-se de endossar as *démarches* da OAB para abolir os sindicatos de advogados. É razoável supor que não pretendesse alienar o apoio dos setores profissionais organizados nos sindicatos. Mesmo porque a estrutura corporativista favorecia a colaboração dos sindicatos com o governo.

O governo Goulart apostou na interlocução com os advogados por intermédio dos sindicatos da categoria. Em pelo menos duas ocasiões, o governo recorreu aos sindicatos para implementar medidas voltadas à categoria, suscitando reações contundentes da OAB. Assim, quando os advogados estavam enquadrados na Lei Orgânica da Previdência Social de 1960, a delegacia do Instituto de Aposentadoria e Pensões dos Comerciários (IAPC) assinou um termo de acordo com o Sindicato dos Advogados da Guanabara para regular a contribuição previdenciária obrigatória dos advogados cariocas. Nehemias Gueiros, em parecer preparado sobre o assunto para o Conselho Federal, pediu uma resposta vigorosa ao que lhe parecia a usurpação de uma atribuição da Ordem dos Advogados:

> E que a Ordem dos Advogados do Brasil, pelo seu órgão supremo — com a ampla e inequívoca representação sindical da classe, outorgada por lei [...] faça valer, até através do Poder Judiciário, se necessário for, a sua

autoridade e a sua competência exclusiva de falar, em âmbito nacional, por todos os profissionais obrigatoriamente inscritos nos seus quadros (advogados, provisionados, solicitadores e estagiários), para que se fixe, no Ministério do Trabalho, o salário-base que constituirá o parâmetro das tabelas de contribuições [...] sem as quais não se pode iniciar o pagamento das contribuições [...] [Gueiros, 1964: 223].

A contenda da OAB com o governo em torno da pretensão de monopolizar a representação dos advogados atualizou-se após o Congresso Nacional aprovar uma lei previdenciária para a categoria profissional, em 1963. O governo, ao nomear uma comissão encarregada de regulamentar a lei, garantiu a participação nela, não apenas a um representante da Ordem, mas também a um representante do Sindicato dos Advogados do Rio de Janeiro, provocando novos protestos por parte da OAB (Gueiros, 1964:209-214).

A existência de dois organismos corporativos beneficiava a ampliação da representatividade do corporativismo para advogados. Desde a Primeira República, as classes médias brasileiras sofreram um processo de diversificação político-ideológica. Os advogados, grupo profissional de importância política fundamental no interior das classes médias, estiveram incluídos nesse processo.[144] No entanto, durante os anos abordados por este capítulo, a OAB permaneceu controlada por advogados de perfil conservador. Com efeito, o grande contingente de dirigentes da Ordem com vínculos partidários orgânicos no pós-1945 era filiado ao Partido Social Democrático (PSD) ou à UDN. Os setores profissionais vinculados ao nacional-reformismo, ao socialismo ou ao comunismo encontraram-se excluídos da direção da entidade no pré-1964 (Mattos, 2013:170-175).

144. Lima Jr. et al. (1970); Saes (1996); Pinheiro (1997).

Os setores esquerdistas da categoria profissional abrigaram-se nos sindicatos de advogados e nos partidos políticos. Assim, em 1945, antes da derrubada do Estado Novo, um grupo de advogados protestou, por meio do jornal do Partido Comunista Brasileiro (PCB), contra as posições antigovernistas tomadas pelo Conselho Federal da OAB (*Tribuna Popular*, 3 out. 1945:1-2). Em 1945, sob o patrocínio do PCB, foi fundado o Comitê Democrático dos Advogados de São Paulo. A Tribuna Popular explicou os objetivos da entidade: "visa debater e reivindicar os problemas, procurando tomar parte ativa no processo de democratização de nossa Pátria" (*Tribuna Popular*, 15 set. 1945:5). Em seguida, o jornal detalhava o programa do Comitê: "I — Propugnar pela União Nacional e pela realização de eleições livres e honestas, de uma Assembleia Constituinte [...] II — Criação do Sindicato dos Advogados [...] III — Extensão dos benefícios das leis de previdência social aos advogados" (*Tribuna Popular*, 15 set. 1945:5). No seu primeiro item, o programa contempla a linha de ação política geral do partido, mas, nos dois seguintes, revela a expectativa de que a proposição de uma pauta sindical atraísse advogados à nova entidade.

A literatura sobre o corporativismo já notou que o monopólio da representação conferida pelo Estado tende a desmotivar a "mobilização de apoio para a adesão de novos membros" (Diniz e Boschi, 1979:43), originando uma defasagem entre a representação legal e a legitimidade com que a entidade corporativa conta no interior da categoria representada. No entanto, historicamente, tanto o empresariado industrial quanto o operariado urbano, enquadrados no corporativismo sob o regime da unicidade de representação, experimentaram a necessidade de conferir representatividade a suas entidades corporativas.

Vanda Costa demonstra que o grupo fundador da Fiesp conquistou o monopólio da representação da indústria paulista antes de obter a legitimidade do exercício de tal função. A própria exclusividade da representação desempenhada pela Fiesp foi colocada em xeque por outra fração da indústria paulista na década de 1930. A manutenção do monopólio da representação pela Fiesp e a aquisição de legitimidade no interior de sua categoria foram alcançadas pela atuação da federação no sentido de propiciar a formação de cartéis em ramos da indústria e de organizar a resistência do empresariado à instituição dos contratos coletivos de trabalho (Costa, 1999:117-143).

De sua parte, Angela de Castro Gomes assinala que, no início da década de 1940, o governo passou a se preocupar com a falta de representatividade dos sindicatos operários. Embora a unicidade sindical tenha favorecido o controle do proletariado pelo governo, ela não resolveu a questão da legitimidade dos sindicatos. Por isso, como parte da tentativa de garantir bases sociais para a distensão política que planejava fazer, o regime Vargas pôs em marcha uma campanha de sindicalização operária (Gomes, 1988:276-277).

A vigência da representação dual tornava ainda mais necessária a conquista de legitimidade pelos organismos corporativos de classe média. Especialmente na década de 1950, a OAB envidou esforços para superar a crise de legitimidade que a atingiu, provocada pela concorrência dos sindicatos e pelas mudanças sofridas pela categoria profissional.

A análise do binômio representação/legitimidade nos conduz ao debate em torno da natureza do corporativismo brasileiro e, por extensão, do grau de controle exercido pelo governo sobre as entidades corporativas. Vanda Costa questiona parcialmente a tipologia sugerida por Schmitter, que divide as experiências corporativas em estatais (vigentes em países de capitalismo periférico, como o Brasil) e societais (ocorridas em países de capitalismo avançado). A autora propõe que o monopólio da representação para os trabalhadores seguiu o modelo do corporativismo estatal, ao passo que, para os industriais, seguiu o caminho do corporativismo societal:

> Sendo o monopólio de representação a condição *sine qua non* de qualquer tipo de corporativismo, ele está necessariamente ligado à questão da ação coletiva. O monopólio da representação, como condição necessária de arranjos corporativos, indica que o corporativismo requer que já tenham sido ou que sejam solucionados os problemas de organização dos interesses. Deste ponto de vista, o "corporativismo de Estado" é aquele no qual o Estado impõe sua própria solução aos problemas de ação coletiva. No caso brasileiro, o conceito parece apropriado para falar da organização dos trabalhadores.
>
> O corporativismo societal correspondia aos casos em que esses problemas são solucionados pelos próprios atores em interação com o Estado. No caso brasileiro, este conceito serve para descrever a interação entre as elites industriais paulistas e o Estado, sob um regime autoritário em um contexto de capitalismo atrasado [Costa, 1999:47].

A resolução da questão da representação entre as classes médias, ou, ao menos, entre os advogados, também ocorreu nos moldes do corporativismo societal, uma vez que ela se desenvolveu no âmbito da própria categoria profissional. O Estado, nesse caso, quando interferiu, o fez provocado por alguma das frações profissionais que disputavam a representação da categoria.

CAPÍTULO 6

O desafio da modernização: a OAB e as metamorfoses da advocacia[145]

A partir da década de 1930, a indústria tornou-se o eixo do sistema econômico brasileiro, desbancando o setor agrário-exportador. Esse processo resultou fundamentalmente de vontade política, ou seja, da decisão do Estado brasileiro, instado pela conjuntura internacional, de modificar a base da economia nacional. Com uma coerência crescente, uma série de medidas foi tomada desde então nesse sentido: a regulação do preço do trabalho (para o que a criação do salário mínimo foi muito importante), o investimento estatal em infraestrutura, o subsídio às importações de equipamentos para a indústria, a oferta de crédito a taxas de juros reais negativas, a participação estatal na produção de bens como aço e petróleo etc. Pode-se afirmar que o Estado atuou de modo sistemático para transferir recursos e ganhos para o setor industrial, em detrimento especialmente do setor primário da economia.[146]

O Estado que sustentou a modernização do capitalismo brasileiro a partir de 1930 passou por modificações profundas:

> O novo Estado que emergiu em 1930 não resultou da mera centralização de dispositivos organizacionais e institucionais preexistentes. Fez-se,

145. Uma versão deste capítulo foi publicada na revista *História Unisinos*, v. 22, n. 4, p. 592-603, 2018.
146. Ianni (1989:57-67, 249-255); Singer (2007:269-285); Bresser-Pereira (2014:116-120).

> sem dúvida, sob fortes impulsos de burocratização e racionalização consubstanciados na modernização de aparelhos controlados nos cumes do Executivo federal. Mas não se reduziu simplesmente à "desapropriação" dos instrumentos locais e regionais de poder estruturados sob o Estado Oligárquico. A centralização trouxe elementos novos, que alteraram a qualidade e a natureza do conjunto de instrumentos políticos ou de regulação e controle anteriormente vigentes. Velhos órgãos ganharam nova envergadura, estruturaram-se gradativamente as carreiras, assim como os procedimentos sujeitaram-se crescentemente à lógica racional-legal. Ao mesmo tempo, erigiu-se um novo aparelho de regulação e intervenção econômica; estruturou-se no Estado uma área social na qual passaram a ser gestadas políticas públicas de caráter nacional; finalmente, os organismos coercitivos e repressivos estatais adquiriram substância qualitativamente nova [Mello e Novais, 1998:593].

Observe-se que, em decorrência de tais mudanças, surgiu, no interior do aparato estatal, uma nova fração burocrática, que coexistiu com a burocracia tradicional. A moderna burocracia instalou-se em determinados núcleos, especialmente naqueles dedicados a desempenhar funções recentemente assumidas pelo Estado (Draibe, 2004). Formada especialmente por engenheiros (que, não raro, eram também militares) e economistas, a burocracia emergente

> tinha suas raízes no conjunto de ações desenvolvidas nos setores de obras públicas, como os portos e as ferrovias, ampliando-se gradativamente ao longo do século XX, nos principais centros urbanos do país, como resultado da expansão do mercado interno e da indústria e da instalação das diversas redes de serviços [Corrêa, 2007:11].

Esse novo ramo da burocracia questionou a centralidade que os bacharéis em direito desempenhavam desde a Independência na construção do Estado nacional. Na disputa travada no interior do Estado com os juristas, os engenheiros e economistas endossaram o discurso, em circulação desde a década de 1920, que localizava no bacharelismo uma das principais mazelas do país (Gomes, 1994:3-6).

No âmbito da grande empresa privada, sobretudo a partir de 1950, também apareceu uma nova camada profissional, formada por aqueles que detinham a autoridade técnica ou administrativa: executivos, gerentes, economistas, engenheiros (Saes, 1996:505; Mello e Novais, 1998:593).

No entanto, ocorreu nesse período uma mudança ainda mais importante no mercado de trabalho: a reconfiguração da distribuição dos trabalhadores por setor da economia. Em função da migração urbana, da industrialização e da expansão do aparelho estatal, o setor primário paulatinamente perdeu espaço na geração de empregos. Nas décadas de 1920 e 1930, a agricultura criou 60% dos novos empregos no país. Nas duas décadas seguintes, essa participação caiu para 40%. Na década de 1950, o setor terciário consolidou-se como maior fonte de oportunidades no mercado de trabalho, criando 55% dos novos empregos (Faria, 1986:87; Pastore, 1986:37-38). Entre 1950 e 1960, a distribuição dos trabalhadores por setor da economia evoluiu do seguinte modo:

TABELA 7. **Distribuição da população economicamente ativa por setor, no Brasil, 1950 e 1960**

Setor/ano	1950	1960
Primário	59,9%	54%
Secundário	14,2%	12,9%
Terciário	25,9%	33,1%
Total	100%	100%

Fonte: Faria (1986:85).

Articulado à modernização do Estado e da economia, entre as décadas de 1940 e 1960 houve um crescimento generalizado na oferta de ensino no Brasil, que os estudiosos atribuíram à industrialização, à urbanização, à explosão demográfica e à expansão da demanda social por educação.[147] No entanto, como apontou Florestan Fernandes, a elevação do número de vagas para os cursos superiores foi mantida sob controle, a fim de atender especificamente ao aumento da procura das classes médias e alta. Evitou-se deliberadamente facilitar o acesso da classe trabalhadora ao ensino superior, preservando-se uma situação, na qual "o ensino superior fica permanentemente associado ao *status* e ao prestígio social das elites" (Fernandes, 1976:179). O aumento da demanda por vagas no ensino superior e sua contenção são confirmados por dados quantitativos disponíveis. Assim, em 1954, 38.894 pessoas candidataram-se a uma vaga em curso superior no país; em 1964, elas foram 97.481. Por outro lado, nos dois anos mencionados, menos da metade dos candidatos obteve uma vaga (Cunha, 1983:102). A elitização do corpo discente dos cursos superiores no país foi confirmada por uma investigação realizada em 1955 que apontou que menos de 10% dos alunos de primeiro ano da Universidade de São Paulo (USP) originava-se da classe trabalhadora. A pesquisa constatou que a barreira social era ainda mais sólida em cursos tradicionais, como medicina e direito (Hutchinson, 1960:150-152). A tabela a seguir mostra a extração social dos alunos de primeiro ano da Faculdade de Direito da USP em 1955.

TABELA 8. **Perfil social dos alunos de primeiro ano da Faculdade de Direito da USP, em 1955**

Classe média alta	68,2%
Classe média baixa	25,8%
Classe trabalhadora	6%
Total	100%

Fonte: Hutchinson (1960:151).

147. Fernandes (1976:160); Romanelli (1978:79); Motta (2014:67).

As metamorfoses da advocacia

Em meados do século XX, a concorrência profissional sofrida pelos advogados intensificou-se, em razão da expansão do ensino jurídico, mas, igualmente, da ocupação de postos de trabalho até então controlados por advogados por profissionais com outras formações superiores. Os dados quantitativos disponíveis evidenciam uma inflação de diplomas de direito no período. Na década de 1940, o número anual de estudantes formados em faculdades de direito cresceu quase 25%. Na década incompleta seguinte que vai até 1957 (último ano com dados disponíveis) o crescimento foi de aproximadamente 88% (Sinopse..., c. 1958:9). O ingresso nas faculdades de direito, evidentemente, também se expandiu nas décadas de 1940 a 1960. Entre 1940 e 1951, a quantidade de alunos matriculados nos cursos de direito do país mais do que dobrou. Entre 1951 e 1960, ela cresceu quase 70%. A tendência foi mantida no início dos anos 1960, com uma elevação de pouco mais de 30% entre 1960 e 1964. A tabela 9 sintetiza os dados mencionados.

TABELA 9. **Evolução da matrícula nos cursos de direito no Brasil, 1932-64**

Ano	Nº de matrículas
1932	6.262
1940	5.793
1951	13.810
1960	23.293
1964	30.974

Fonte: Romanelli (1978:120).

Todavia, é adequado considerar a expansão do ensino jurídico em comparação com a de outros cursos superiores. As faculdades que atendiam a novas demandas colocadas pelo desenvolvimento econômico e do aparato estatal, destacadamente as faculdades de economia (que formavam um novo tipo de profissional para o Estado e a empresa privada) e as faculdades de filosofia, ciências e letras (que preparavam, basicamente, professores para atender à expansão do aparelho escolar), aumentaram suas vagas de modo exponencial. De sua parte, o ensino de engenharia havia se estabelecido no Brasil muito antes que as faculdades de economia e de filosofia, mas o Estado e as empresas privadas viram sua necessidade de engenheiros se renovar (e ampliar) a partir da década de 1940, o que deve explicar a decuplicação das matrículas em engenharia entre 1940 e 1964. No mesmo período, as vagas nas faculdades de medicina quase triplicaram e nas faculdades de direito aumentaram aproximadamente cinco vezes (Romanelli, 1978:120-121).

Entre 1942 e 1950, a quantidade de advogados militantes aumentou quase 20%, ao passo que, entre 1950 e 1960, a expansão foi de 93%, e de 33% entre 1960 e 1970 (Venâncio Filho, 1982:62; Falcão, 1984:180). Para comparar, a população brasileira expandiu-se em 25% na década de 1940, 35% na década de 1950 e 33% na década de 1960.[148]

A expansão do aparato judiciário, a partir da década de 1930, certamente contribuiu para amenizar os efeitos da inflação de diplomas em direito. Essa ampliação incluiu a criação de dois novos ramos da Justiça: a Eleitoral e a do Trabalho. Em consequência, novas vagas para juízes e promotores foram criadas pelo país. E, igualmente, o campo de atuação dos advogados foi alargado, pela geração de novas demandas por seus serviços profissionais (Arantes, 2002:131).

A consolidação do capitalismo industrial no país carregou consigo uma tendência de valorização das profissões de caráter técnico em

---

148. Censo 2010. Disponível em: https://censo2010.ibge.gov.br/sinopse/index.php?dados=4&uf=00. Acesso em: 4 jun. 2018.

prejuízo das profissões de caráter humanista, o que resultou na substituição dos advogados em determinadas funções por outras categorias profissionais, como engenheiros, economistas e administradores. Num estudo publicado em 1970, mas que flagrava um processo iniciado, pelo menos, no imediato pós-Segunda Guerra Mundial, Olavo Brasil, Lúcia Klein e Antônio Martins explicaram a transformação do mercado de trabalho para os advogados nos seguintes termos:

> Ao mesmo tempo, a profissão jurídica vem sofrendo o confronto crescente de novas ocupações, cujo processo de profissionalização foi, ou está sendo, extremamente rápido [...] Em breve, e alegando competência especializada, algumas dessas novas profissões passam a reclamar para si atuação exclusiva em áreas onde os advogados exerciam algumas funções, nem sempre estritamente ligadas ao seu tipo de formação acadêmica, mas para as quais se sentiam razoavelmente habilitados, em razão não só do caráter amplo dos conhecimentos adquiridos nas escolas de Direito como também pela ausência, até então, de profissionais com habilitação específica para aquelas tarefas. A partir daí a demanda em relação aos serviços do advogado tende a se restringir às áreas de sua competência técnica [Lima Jr. et al., 1970:55].

Porém, a modernização da economia brasileira abriu uma nova frente de atividades profissionais aos advogados, em áreas diretamente vinculadas às esferas econômica e administrativa. Essa nova fração da categoria profissional, recrutada por empresas privadas e por instituições estatais, compartilhava o ambiente de trabalho com economistas e administradores e adquiria progressivamente "todas as características de 'técnicos', no sentido empregado por Merton, de simples implementadores de políticas" (Lima Jr. et al., 1970:8-9). O padrão tradicional da profissão, calcado na advocacia contenciosa e nas condições de trabalho autônomas, não desapareceu e continuou a ser reproduzido nas firmas jurídicas e nos escritórios particulares. No entanto, ele passou a coexistir com um padrão emergente, caracterizado pela advocacia preventiva, que frequentava menos os tribunais, e exercida em condições subordinadas de trabalho por advogados que, não raro, ao invés de receberem honorários, eram pagos com salários. (Lima Jr. et al., 1970:7-9; Bonelli, 2002:61-62). Em razão do assalariamento cada vez mais frequente dos advogados, a OAB debateu ao menos por um decênio a proposta de criação de um salário mínimo para a categoria profissional. Os médicos, na mesma época, fizeram um debate assemelhado, o que revela que o processo de assalariamento[149] não atingia a advocacia com exclusividade.[150]

É preciso, contudo, não superestimar o assalariamento dos advogados. Mesmo que os advogados cada vez mais se tenham tornado empregados de empresas privadas ou do Estado, o perfil liberal continuou a ser prevalecente. O Censo de 1950 revelou que três quartos dos advogados se enquadravam na categoria de "profissões liberais", como mostra a tabela 10.

149. O assalariamento dos engenheiros foi mais precoce que o dos advogados. Ainda no século XIX, o engenheiro empregado conviveu com aquele que era profissional liberal ou mesmo empresário. Na Primeira República, o processo intensificou-se, em razão dos investimentos estatais e do capital privado estrangeiro, e disseminou-se a figura do engenheiro empregado do Estado, de empresas privadas ou de escritórios de outros engenheiros (Kawamura, 1979:22-27).

150. CF-OAB. Ata de sessão do Conselho Federal, 22 nov. 1955; CF-OAB. Ata de sessão do Conselho Federal, 27 ago. 1957; CF-OAB. Ata de sessão do Conselho Federal, 15 maio 1962; CF-OAB. Ata de sessão do Conselho Federal, 15 dez. 1964.

TABELA 10. **Distribuição de advogados segundo ramo de atividade principal no Brasil, 1950**

Ramo de atividade	%
Profissões liberais	75,1
Administração pública, legislativo, Justiça	9,1
Comércio	6,8
Atividades sociais[151]	3,7
Indústrias de transformação	2,5
Transportes, comunicações e armazenagens	1,3
Outros	1,5
Total	100

Fontes: Oliveira e Carvalho (1960:210).

No entanto, é preciso tomar em conta a advertência feita pelos autores de um estudo realizado no âmbito da Campanha Nacional de Aperfeiçoamento de Pessoal de Nível Superior (Capes) que, examinado os dados presentes na tabela anterior, escreveram:

> É difícil determinar a expressão concreta e numérica das mudanças estruturais havidas na profissão. Os bacharéis em Direito — mesmo considerados como profissionais liberais — costumam deslocar-se para profissões estranhas aos seus diplomas.
>
> Do ponto de vista do emprego, admitindo serem múltiplas as funções do bacharel dentro da Economia, cabendo-lhes, não raras vezes, posição de relevo na elaboração da política empresarial [...] o principal fenômeno a salientar é um ponderável excedente de diplomados, em face do número de bacharéis absorvidos na atividade da advocacia, da magistratura ou semelhantes [Oliveira e Carvalho, 1960:131].

151. Incluem ensino público e particular e previdência social.

Um levantamento realizado durante a Conferência Nacional da OAB de 1970 revelou que três quartos dos participantes desempenhavam suas atividades profissionais na advocacia particular, no Judiciário (procuradoria e magistratura) ou em outras instâncias da burocracia estatal. A pesquisa demonstrou que apenas uma pequena parcela dos entrevistados trabalhava em empresas privadas (Lima Jr. et al., 1970:27). No entanto, não se pode considerar representativa do conjunto da categoria profissional a amostragem adotada. Ela reflete o perfil da fração da profissão diretamente envolvida com a política corporativa, o que explica a presença dos entrevistados na conferência.

Uma pesquisa realizada em 1996 pela OAB, cujos resultados são passíveis de generalização para a categoria profissional, indicou que 61% dos entrevistados eram advogados autônomos individuais, 10% eram advogados autônomos associados a escritórios, outros 10% eram empregados de empresas privadas, 9% eram sócios de escritórios de advocacia e, finalmente, 8% eram funcionários públicos (Bonelli, 2002:62-63). Não há qualquer razão para supor que a situação fosse muito distinta no período que interessa a este capítulo.

Incumbida pelo Estado de regulamentar e fiscalizar o exercício da advocacia desde sua criação, em 1930, a OAB acompanhou com preocupação as vicissitudes experimentadas pela profissão. Formou-se entre os dirigentes da entidade o diagnóstico de que a advocacia passava por uma crise e os advogados corriam o risco da proletarização. Exemplo dessa percepção está no discurso de despedida do posto de *bâtonnier* proferido por Atílio Vivacqua em outubro de 1954:

> Quando a advocacia, assim como as outras profissões liberais, sofre os duros efeitos de uma época tormentosa e desajustada, e quando as privações e misérias invadem inúmeros lares dos mourejadores do

Foro, a nossa profissão não poderia deixar de inserir-se no quadro da política social.[152]

Ainda que houvesse exagero em pronunciamentos que mencionavam a miséria material de advogados, é certo que a elite dirigente da profissão estava convencida da ameaça de perda de prestígio social e de queda dos rendimentos dos advogados. É isso, ao lado da concorrência representada pelos sindicatos e outras entidades, que explica o forte investimento feito pela OAB desde os anos 1950 em iniciativas destinadas a anular ou a amenizar os efeitos deletérios causados na categoria profissional pela modernização do país.

Malgrado os temores da elite profissional, a advocacia logrou manter-se socialmente valorizada. Recorro a dois indícios para corroborar tal afirmação. O primeiro é a elevação constante da procura pelos cursos de direito na segunda metade dos anos 1950, conforme a tabela 11.

TABELA 11. **Percentual de candidatos ao vestibular sobre a quantidade de vagas disponíveis no primeiro ano dos cursos de direito, no Brasil**

1954	1957	1958	1959
165,4%	167,7	180,8	199,2

Fonte: Oliveira e Carvalho (1960:34).

O segundo indício são os resultados de uma sondagem realizada com 500 alunos de diversos cursos da USP em 1955. Estimulados a classificar 30 ocupações escolhidas previamente pelos autores da pesquisa de acordo com seu prestígio social, os estudantes colocaram a advocacia em segundo lugar, abaixo da profissão de médico e

152. CF-OAB. Ata de sessão do Conselho Federal, 11 ago. 1954.

acima de atividades como a de diretor superintendente de companhia ou fazendeiro (Hutchinson e Castaldi, 1960:24).

A ação da elite profissional

As novas demandas apresentadas à advocacia pela expansão do capitalismo brasileiro revelaram o descompasso entre a expectativa em relação às habilidades e repertórios necessários ao "novo" advogado e a formação oferecida pelas faculdades de direito. O ensino jurídico preservava uma concepção de direito como instrumento de construção do Estado e de resolução dos conflitos interindividuais, enquanto as empresas privadas e as instituições estatais esperavam que os advogados detivessem um conhecimento prático e aplicado, e entendiam que o direito deveria ser submetido aos desígnios do desenvolvimento econômico. A partir de meados da década de 1960, o Centro de Estudos e Pesquisas no Ensino do Direito (Ceped), apoiado pelo governo dos Estados Unidos da América e pela Fundação Ford, assumiu o projeto de modernização do direito brasileiro com base na reforma do ensino jurídico (Venâncio Filho, 2011:324-330), apontando o

> desajuste observado entre as instituições jurídicas brasileiras e a modernidade capitalista [...] Pela filosofia do programa, o jurista deveria ser formado não como um arquiteto social, segundo a tradição brasileira, e sim educado e treinado numa filosofia de realismo jurídico que o capacitasse a acompanhar o mundo cambiante dos negócios e das empresas. Ao invés de princípios rígidos valorativamente informados, tradição de uma elite que prefigurava na norma seu projeto de Estado-Nação, um Direito e uma consciência jurídica que expressassem e regulassem a ordem privada, meios a serviço dela [Vianna, 1986:127].

A elite profissional mobilizou-se para reformar o ensino jurídico com a intenção de adequá-lo às necessidades da modernização capitalista e, igualmente, de combater a saturação de advogados no mercado. Em relação ao primeiro aspecto, a tônica era a de tornar mais prática a formação nos cursos jurídicos e introduzir o ensino de novos ramos do direito, vinculados ao desenvolvimento econômico. Assim, em meados da década de 1950, consultada pelo governo federal, a OAB formulou propostas de alteração do ensino jurídico, incluindo a diminuição do "estudo teórico" e a criação de novas disciplinas, como a de direito financeiro.[153] Em 1958, a 1ª Conferência Nacional da OAB debateu o tema do ensino jurídico. O diretor da Faculdade de Direito da Universidade da Bahia, Orlando Gomes, propugnou que o ensino deveria valorizar a "formação profissional como reação ao teorismo", acarretando a abolição de cadeiras tradicionais, como direito romano, filosofia do direito, economia política e teoria geral do Estado. Como se percebe, o objetivo de Gomes, referendado pelos participantes do encontro, que aprovaram seu plano (Pinto, 1997:13; Anais...,1987:229), era antes produzir técnicos jurídicos que *statemakers*, de cuja gestação as faculdades de direito se encarregavam desde seu surgimento, ainda no Império.

A adoção do estágio obrigatório explica-se, em parte, pela convicção, de parte dos defensores da medida, de sua capacidade de oferecer experiência prática aos futuros advogados (Bastos, 2007:364). Mas ela também serviria para limitar a oferta de advogados no mercado profissional. A criação de um exame a ser realizado pela OAB para avaliar a aptidão do bacharel em direito para exercer a advocacia seguia o mesmo propósito. Na exposição de motivos redigida pela comissão nomeada pelo Conselho Federal da OAB para elaborar o projeto de novo estatuto da entidade,

153. CF-OAB. Ata de sessão do Conselho Federal, 25 out. 1955; CF-OAB. Ata de sessão do Conselho Federal, 1º nov. 1955.

advogou-se a implementação das duas medidas com os seguintes argumentos:

> A fim de tornar exequível o poder de seleção da Ordem, meramente teórico até agora, assegurando a manutenção de uma verdadeira consciência profissional e elevando, ao mesmo tempo, o nível cultural da classe e a sua eficiência técnica, estabeleceu-se a exigência do estágio profissional, como requisito para a inscrição no quadro dos advogados [...] O Exame da Ordem [...] será obrigatório apenas para os candidatos à inscrição que não tenham feito o estágio profissional ou para os que não tenham comprovado satisfatoriamente o seu exercício e resultado [...] [Boletim..., 1957:36].

Na 2ª Conferência Nacional da OAB, Rui de Azevedo Sodré justificou a adoção dos instrumentos como reação à expansão das faculdades de direito: "Contra a abertura das portas das Faculdades, a nossa política de futuro, deverá ser a de cerrar as da Ordem, cautelosamente, selecionando, no seu limiar, as habilitações dos candidatos" (Anais..., 1961:13.). Incluídos no novo estatuto da OAB, aprovado em 1963, o estágio e o exame foram, no entanto, debilmente aplicados, segundo a avaliação de Venâncio Filho (1982:163). Ao mesmo tempo, o Conselho Federal tomou duas outras providências, incorporadas ao estatuto de 1963, para combater o excesso de oferta de advogados: limitou ainda mais a atuação dos rábulas e alargou o rol das condições que impediam os bacharéis em direito de exercer a advocacia.[154]

O tema da multiplicação das faculdades de direito foi frequentemente debatido ao longo da década de 1950 nas reuniões das entidades de advogados e nas convenções que agregavam a categoria

---

154. Boletim... (1957:37-40); artigo 48 da Lei nº 4.215, de 27 abr. 1963.

profissional. A elite dos advogados responsabilizava o Estado (ou, mais precisamente, o governo federal) pelo problema e alarmou-se com suas consequências: desprestígio social e proletarização da profissão. Durante a 1ª Conferência Nacional da OAB, o já mencionado Rui de Azevedo Sodré desenvolveu o raciocínio, provavelmente compartilhado pelos outros advogados de elite, segundo o qual a popularização do ensino de direito levava à depreciação social da advocacia e sua proletarização. Para ele, os advogados recém-formados se recusavam a deixar as capitais para iniciar a vida profissional no interior. Como o mercado de trabalho nas capitais encontrava-se saturado, os jovens advogados (ou, ao menos, uma boa parte deles) refugiavam-se em modestos empregos ou, se insistiam na advocacia, "não possuindo cultura nem vocação", fracassavam. Os primeiros, deslocados no seu humilde ambiente de trabalho, graças à sua formação acadêmica, transformavam-se em "desajustados sociais", enquanto os últimos contribuíam "para aumentar a imensa vaga que quer forçar a proletarização da profissão" (Anais..., 1987:616).

A expansão dos cursos de direito parecia incidir de modo especial sobre o estado de São Paulo, provavelmente em razão de seu crescimento econômico. Ainda em 1951, a seção paulista da OAB mobilizou-se para impedir a abertura de novas faculdades de direito no estado. Dez anos depois, a Associação dos Advogados de São Paulo (Aasp) lançou uma campanha para que o governo federal anulasse a autorização para o funcionamento da Faculdade de Direito de Franca. Ambas as iniciativas contaram com o apoio do Conselho Federal da OAB.[155] A OAB tentou alargar suas atribuições institucionais para participar dos processos decisórios sobre a abertura de novos

155. CF-OAB. Ata de sessão do Conselho Federal, 18 abr. 1961; Anais... (1987:609-610).

cursos de direito. Com esse objetivo, a entidade fez gestões junto ao Congresso Nacional entre 1959 e 1961, sem que haja, entretanto, notícia de sucesso da empreitada.[156]

Nos anos 1950, a extensão da previdência social aos advogados consistiu em um dos principais itens da pauta de reivindicações das entidades profissionais junto ao Estado. Dois modelos previdenciários distintos disputaram, numa luta equilibrada, a preferência dos advogados. A discordância fundamental entre as duas propostas referia-se à ingerência governamental na administração da previdência dos advogados e à sua fonte de financiamento. De um lado, o deputado do PTB Lúcio Bittencourt apresentou à Câmara dos Deputados, em 1953, um projeto de lei estabelecendo que a aposentadoria e a pensão dos advogados seriam geridas por um órgão oficial, o Instituto de Previdência e Assistência dos Servidores do Estado (Ipase), e paga pelo tesouro nacional. Para justificar tal apanágio, o deputado mencionava o interesse público constitutivo do *métier* (Gueiros, 1964:158-159). Em apoio ao modelo previsto no projeto do deputado petebista, o conselheiro federal da OAB Aragão Bozano reproduziu esse argumento nos seguintes termos:

> O advogado é elemento essencial à distribuição da justiça; sem ele faltaria à Nação a ordem jurídica, sem ela desapareceria a segurança dos direitos, base das instituições vigentes. Não é possível a administração da justiça sem os advogados. [...] A classe dos advogados apresenta características singulares, próprias, que não a permitem confundir-se com as outras classes de profissionais liberais. Os advogados são auxiliares da justiça. A lei que criou o seu órgão de classe atribuiu-lhe, expressamente, em seu artigo 2º, o exercício de função pública. Não

156. CF-OAB. Ata de sessão do Conselho Federal, 16 jun. 1959; CF-OAB. Ata de sessão do Conselho Federal, 18 abr. 1961.

encerra desigualdade o tratar desigualmente pessoas ou coisas desiguais [Gueiros, 1964:180].

De outra parte, o deputado do PSD Adroaldo Mesquita da Costa, também integrante do Conselho Federal da OAB, apresentou à Câmara dos Deputados, em 1954, outro projeto de lei que tratava da seguridade social dos advogados. Pela sua proposta, a previdência dos advogados ficaria sob a incumbência de um organismo subordinado à OAB e criado a partir da fusão das Caixas de Assistência dos Advogados existentes nos estados desde a década de 1930. Além disso, a seguridade social dos advogados seria custeada pela contribuição da própria categoria profissional, de seus clientes e do Estado (Gueiros, 1964:160-163). Nos debates ocorridos em torno do tema durante a 1ª Conferência Nacional da OAB, realizada no Rio de Janeiro, em 1958, o conselheiro federal da entidade Dunshee de Abranches defendeu o projeto de Adroaldo da Costa e investiu contra a proposta de Lúcio Bittencourt, que, segundo ele, além de colocar sob ameaça a autonomia da advocacia, seria injusto: "E por ele [projeto Bittencourt] a Nação, discriminadamente, iria pagar a aposentadoria de uma classe, de uma casta, de uma categoria" (Anais..., 1987:415).

Após anos de disputa no interior da elite profissional acerca do modelo previdenciário, a 2ª Conferência Nacional da OAB, que teve lugar em São Paulo, em 1960, consagrou uma solução de compromisso em torno de uma nova proposta, que previa a administração da seguridade social dos advogados pelo Instituto de Previdência e Aposentadoria dos Servidores do Estado (Ipase), mas sob fiscalização da OAB, e o financiamento compartilhado pelos advogados, clientes e Estado (Anais..., 1961:178-193, 349). Encampada pelo senador Venâncio Igrejas, da UDN, o projeto foi aprovado pelo Congresso Nacional em 1963. O episódio demonstrou o poder de pressão da OAB junto ao Congresso Nacional, que aprovou em menos de dois anos e praticamente sem alterações o projeto encaminhado pela 2ª Conferência Nacional da OAB (Gueiros, 1964:20, 166-226, 341-349).[157]

Outra batalha legislativa travada pela entidade, embora mais longa, foi a que girou em torno da aprovação de seu novo estatuto. A OAB pretendeu adequá-lo às transformações sofridas pela advocacia, reconhecendo aos advogados o direito à seguridade social e, igualmente, a prática da advocacia preventiva e o assalariamento da categoria profissional. A exposição de motivos do projeto do novo estatuto elaborado pelo Conselho Federal da OAB argumentava: "O tempo e as solicitações dos diversos setores de atividades em que a advocacia tem vindo acompanhando o surto de desenvolvimento do País, encarregaram-se de demonstrar a necessidade da reforma fundamental dessa legislação [...]" (Boletim..., 1957:33).

Durante sua tramitação no Congresso Nacional, o projeto da OAB enfrentou opositores dotados de largos recursos políticos, como a magistratura e o empresariado paulista (Bastos, 2007:320-324).[158] No entanto, mais uma vez, a capacidade da entidade de mobilizar apoios no Executivo e no Congresso ficou demonstrada pela aprovação da lei que manteve intactos os principais pontos do projeto apresentado pela OAB.[159]

As iniciativas da elite dos advogados para proteger os ganhos materiais e o prestígio social da categoria profissional guardam um

157. Anais... (1961:178-193); CF-OAB. Ata de sessão do Conselho Federal, 21 nov. 1961; CF-OAB. Ata de sessão do Conselho Federal, 5 jun. 1962.

158. CF-OAB. Ata de sessão do Conselho Federal, 19 maio 1959.

159. Gueiros (1964:286-308); Venâncio Filho (1982:102-104); Dantas (2006:78-85); CF-OAB. Ata de sessão do Conselho Federal, 11 ago. 1956; CF-OAB. Ata de sessão do Conselho Federal, 26 nov. 1957; Boletim... (1958:1); CF-OAB. Ata de sessão do Conselho Federal, 15 abr. 1958; CF-OAB. Ata de sessão do Conselho Federal, 26 maio 1959; CF-OAB. Ata de sessão do Conselho Federal, 24 nov. 1959; CF-OAB. Ata de sessão do Conselho Federal, 25 out. 1960; CF-OAB. Ata de sessão do Conselho Federal, 29 nov. 1960; CF-OAB. Ata de sessão do Conselho Federal, 12 jun. 1962; CF-OAB. Ata de sessão do Conselho Federal, 11 jun. 1963.

claro paralelo com a ação, no mesmo período, da liderança institucional do Ministério Público. Como os advogados, os promotores viram-se assaltados pelo risco de desclassificação social e empreenderam, em resposta, um projeto de afirmação institucional. Em consequência, conseguiram autonomizar-se do Judiciário e esforçaram-se por tomar alguma distância do mundo da política. A carreira no Ministério Público foi consolidada com a garantia de bons proventos e de estabilidade funcional, o aprimoramento da organização burocrático-administrativa e a introdução de concursos públicos.[160]

A concorrência pela representação da categoria profissional

A dedicação da OAB a uma agenda relacionada com as condições de vida material dos advogados significou uma novidade em relação à atuação da entidade nos seus dois primeiros decênios de existência. Nesse período inicial, a Ordem dos Advogados consagrou-se basicamente a regulamentar e fiscalizar o exercício profissional. A proteção à advocacia, prerrogativa legal da entidade, era traduzida em defesa de advogados desrespeitados ou agredidos por agentes estatais. Contudo, a partir dos anos 1950, seu significado alargou-se para se referir destacadamente à função sindical que agora a OAB se atribuía (Venâncio Filho, 1982).[161] O primeiro estatuto da OAB, datado de 1933, estabelecia que suas atribuições eram a "seleção,

160. Axt (2001:84-103); Bonelli (2002:44-145); Vianna (2013:394).
161. CF-OAB. Ata de sessão do Conselho Federal, 25 maio 1954; CF-OAB. Ata de sessão do Conselho Federal, 11 ago. 1954; CF-OAB. Ata de sessão do Conselho Federal, 2 out. 1956.

defesa e disciplina da classe dos advogados".[162] O estatuto de 1963 preservou tais prerrogativas, mas referendou a ação sindical da OAB ao acrescentar que caberia à entidade representar "os interesses gerais da classe dos advogados e os individuais, relacionados com o exercício da profissão".[163]

Há informações confiáveis sobre o funcionamento, entre as décadas de 1930 e 1950, de sindicatos de advogados na cidade do Rio de Janeiro, em Santos, no Rio Grande do Sul e no estado de São Paulo.[164] Antes da existência dos sindicatos de advogados (e mesmo da OAB), já atuava uma entidade destinada a zelar pelos interesses materiais da categoria profissional. Fundado em dezembro de 1926, o Clube dos Advogados tencionava garantir aposentadoria e pensão aos advogados e seus familiares (*Diário de Notícias*, 28 set. 1941:9).

Enquanto a OAB era dirigida por advogados pertencentes à elite profissional, os sindicatos de advogados encontravam-se mais próximos das demandas do "baixo clero" da advocacia. A assunção de bandeiras sindicais pela OAB derivou das mudanças enfrentadas pela profissão, mas, igualmente, da emergência de entidades que se incumbiam da agenda até então negligenciada pela OAB. Conselheiro federal da OAB desde a década de 1930, Letácio Jansen, admitiu, em sessão do órgão realizada em 1954, que a OAB havia, até então, se concentrado na disciplina da categoria profissional, descuidando-se da "defesa do advogado no plano econômico". Jansen acrescentou que, ao contrário de outros profissionais, os advogados não

---

162. Artigo 1º do Decreto nº 22.478, de 20 fev. 1933.

163. Artigo 1º da Lei nº 4.215, de 27 abr. 1963.

164. CF-OAB. Ata de sessão do Conselho Federal, 20 ago. 1940; CF-OAB. Ata de sessão do Conselho Federal, 18 fev. 1941; *Diário de Notícias* (10 ago. 1941: 2ª seção, p. 10); CF-OAB. Ata de sessão do Conselho Federal, 19 maio 1942; CF-OAB. Ata de sessão do Conselho Federal, 26 maio 1953.

contavam com previdência social, tabela de honorários e serviços auxiliares, "como avisos de prazo e preparos".[165]

A *mea-culpa* do conselheiro federal da OAB assemelha-se à crítica que, poucos anos depois, faria Tanus Jorge Bastani, fundador da União Nacional dos Advogados (UNA). Asseverava Bastani que as seções estaduais da OAB apenas "trabalham em inquéritos contra o profissional" e arrematava:

> Os juízes — lembra o entrevistado — e demais membros do Judiciário obtiveram tudo o que pediram ao Congresso e ao Legislativo. O humilde operário possui seu Instituto de Aposentadoria e Pensões. As demais classes estão amparadas por leis e instituições, que lhes dão assistência médica, dentária, hospitalar, econômica e montepios. Os advogados têm apenas Deus, no Céu, e a Ordem dos Advogados, na Terra. Deus para nos proteger contra os inquéritos da Ordem [...] [*Correio da Manhã*, 30 jul. 1958: 1º caderno, p. 3].

A UNA tentaria se consolidar com um programa de proteção social e do mercado de trabalho do advogado (*Correio da Manhã*, 30 jul. 1958: 1º caderno, p. 3). Ainda em 1945, uma entidade que possivelmente era vinculada ao PCB, o Comitê Democrático dos Advogados de São Paulo, procurou atrair adeptos ao propor a "extensão dos benefícios das leis de previdência social aos advogados" (*Tribuna Popular*, 15 set. 1945:5).

Ciosa por manter o monopólio da representação da categoria profissional ante o Estado, a OAB combateu os sindicatos de advogados desde a década de 1940, pressionando o governo federal para que anulasse o reconhecimento oficial dos sindicatos. Mesmo antes de fracassar nesse intento, a entidade procurou asfixiar as finanças dos

---

165. CF-OAB. Ata de sessão do Conselho Federal, 25 maio 1954.

sindicatos, abolindo o imposto sindical para os advogados. A tática foi bem-sucedida e o Estatuto da OAB de 1963 estabeleceu, no seu artigo 143, que o pagamento (obrigatório) da anuidade pelo advogado à OAB dispensava o pagamento do imposto sindical. Até a década de 1950, a taxa de sindicalização da advocacia permaneceu muito baixa, em torno de 2%. Na década seguinte, ela conheceu um crescimento muito expressivo, aproximando-se de 15%, o que possivelmente esteja ligado à aceleração do assalariamento da categoria profissional (Vannucchi, 2016b:478-490).

A questão da representação da categoria profissional não pode ser desvinculada da progressiva diferenciação entre os advogados e da estratificação da categoria profissional. Ainda no Império, uma clivagem importante dava-se entre os que haviam cursado uma faculdade e os que exerciam a profissão sem possuírem um diploma, os *rábulas*. Contudo, mesmo entre os advogados portadores de graus acadêmicos havia diferenças profundas. Havia um "baixo clero" da advocacia diplomada, possivelmente dispersa pelo interior do país, que vivia com relativa simplicidade. Mas era justamente a estes modestos advogados e também aos rábulas que a maioria da população tinha acesso — incluindo os escravos que quisessem iniciar uma ação de liberdade. Para Edmundo Coelho, a distinção fundamental entre aqueles que se dedicavam à advocacia era a que separava a pequena elite dos advogados da massa dos advogados diplomados e dos rábulas. E ela fundava-se em hábitos culturais, extração social da clientela e relações sociais. A diferenciação era estabelecida pela elite dos advogados, que se definia como dotada de um senso de missão em contraposição aos "mercadores do direito". Uma parte considerável destes advogados de elite dedicava-se, igualmente, à política e à administração pública. E era antes ao exercício de mandatos parlamentares e de funções públicas que deviam seu prestígio social que à prática da advocacia. A elite dos advogados monopolizava o ofício nos tribunais superiores. E recebia vultosos honorários pela elaboração de pareceres encomendados por clientes abastados e empresas estrangeiras e nacionais (Coelho, 1999:76-177; Carvalho, 2003:74-75). Baseando-se nas listas eleitorais da cidade do Rio de Janeiro de 1876, Edmundo Coelho propõe o seguinte perfil da estratificação dos advogados (aparentemente, ele trata apenas dos advogados formados): uma base relativamente pequena (cerca de 20%), um amplo estrato intermediário (quase 75%) e um reduzido estrato superior (cerca de 5%), que era formado pela elite dos advogados (Coelho, 1999:83-84).

A estratificação da categoria profissional adentrou o período republicano. Com a progressiva extinção dos práticos, a partir de 1930, a posse do diploma superior perdeu importância como critério de distinção entre os que se dedicavam à advocacia. De todo modo, o perfil do estrato superior da categoria profissional manteve-se, em vários aspectos, semelhante ao que fora no Império. Os advogados de elite da República também se dedicavam à política e exerciam seu ofício nos tribunais superiores, tendo grandes empresas na sua clientela. A partir da década de 1950, a condição de trabalho começou a diferenciar o estrato superior dos outros, ainda que critérios antigos, como origem social e universidade cursada, continuassem relevantes. O processo de assalariamento da profissão atingiu, especialmente, os estratos inferiores dos advogados. Como a condição de trabalho tradicional, a do profissional autônomo, permaneceu valorizada no interior da categoria profissional, os advogados assalariados eram desprestigiados por seus colegas.[166]

Nos termos de Pierre Bourdieu (1984), podemos afirmar que os advogados assalariados detinham parcos capitais, o que lhes mantinha em posição subalterna no campo jurídico. Evidentemente, os dirigentes da OAB ocupavam o polo dominante do campo. Como

166. Lima Jr. et al. (1970); Falcão (1984:169); Lessa e Linhares (1991: 26,105).

assinala Fabiano Engelmann, no campo jurídico brasileiro "há uma forte associação entre a origem social, o capital de relações sociais detido, a posse do título de bacharel e as chances de ascensão no mundo jurídico" (Engelmann, 2006:28).

Não apenas as situações de trabalho dos advogados se diversificaram (tipo liberal e assalariado; assessoria jurídica e advocacia contenciosa; empregado do Estado ou da grande empresa privada).[167] Também os posicionamentos político-ideológicos no interior da profissão se tornavam menos homogêneos, em consonância com o que ocorria com o restante das classes médias brasileira. Na década de 1930, o integralismo recrutou muitos dirigentes e militantes na categoria profissional, onde tradicionalmente predominava o liberalismo. Mais ou menos na mesma época, beneficiado pela emergência do direito do trabalho, formou-se um segmento de advogados esquerdistas, que congregava de reformistas cristãos a comunistas. Muitos deles advogavam para sindicatos de trabalhadores (Siqueira, 2009:132; Corrêa, 2011:44-54).

Na década de 1950, consolidou-se um novo grupo na categoria profissional, integrado à "nova classe média", gerada pelo capitalismo industrial brasileiro. Atuando na grande empresa privada, os

167. A bem da verdade, é preciso admitir que o conjunto das classes médias brasileiras se diversificou a partir de meados do século XX: "A industrialização acelerada e a urbanização rápida tendem, portanto, a quebrar a relativa homogeneidade da classe média. Na cúpula, há uma clara diferenciação, com o surgimento de uma camada de técnicos ligados especialmente à grande empresa, privada ou pública. Parte significativa dos pequenos proprietários, por outro lado, vai abandonando sua 'condição média', subindo em direção ao empresariado. A distância social e de rendimentos entre a alta classe média e a baixa [...] aumenta por força de três movimentos: o de queda das remunerações relativas do funcionalismo público de médio para baixo; o de início de massificação de determinadas profissões, como por exemplo, a de vendedor de loja; o de ampliação dos serviços de escritório das empresas, pior remunerados" (Mello e Novais, 1998:597).

profissionais da nova classe média rejeitavam o liberalismo aderindo a uma ideologia autoritária e conservadora:

> [...] o exercício da autoridade técnica ou administrativa no seio da grande empresa capitalista tende a gerar convicções sobre o caráter racional da autoridade em geral, bem como sobre a necessidade de uma organização altamente despótica e hierarquizada da sociedade [Saes, 1996:505].

Décio Saes sugeriu que esse segmento das classes médias, e os advogados que dele faziam parte, se constituiu na base social da ditadura militar (Saes, 1996:505).

As memórias de Boris Fausto oferecem dados sobre as atividades profissionais de um advogado do "baixo clero" nas décadas de 1950 e 1960. Fausto não pôde contar com um capital familiar de relações sociais que alçavam os advogados de elite à sua posição. Porém, o diploma concedido pela USP e a atuação na cidade de São Paulo possivelmente lhe garantiram condições de trabalho mais vantajosas em relação a advogados formados em instituições menos prestigiadas ou que militavam em regiões menos ricas. O "historiador de domingo" apresenta as perspectivas profissionais vislumbradas, na época, pelos estudantes de direito:

> Eu não frequentara o curso para obter uma melhor posição hierárquica, como faziam alguns funcionários públicos, e raras vezes imaginara me aventurar por outros caminhos. O jornalismo chegou a me atrair, mas a possibilidade de começar trabalhando como revisor num grande jornal, no período noturno, foi uma oferta que recusei. Quanto à promotoria pública e à magistratura, não me tentavam por um misto de comodismo e "excesso de ética" [Fausto, 2010:63].

Fausto não lista, no trecho anterior, o trabalho em empresas privadas (excetuando-se, evidentemente, as empresas jornalísticas, local de trabalho tradicional dos bacharéis brasileiros desde o século XIX) entre as alternativas profissionais. No entanto, ele conta que um de seus sócios deixou o escritório de advocacia, no início dos anos 1950, para ser "advogado de um grande banco" (Fausto, 2010:65). O relato do historiador evidencia a importância da posse de um capital de relações sociais para o advogado que desempenhava seu ofício por conta própria, em termos liberais:

> A parceria de trabalho com Murillo não se devia a dotes de conhecimento jurídico ou de boas maneiras, mas a suas ligações pessoais. Ele tinha uma história e características que preenchiam plenamente o quesito das relações extensas. Ao longo da vida vivera na Mooca e na ocasião frequentava o bairro do Ipiranga, onde o sogro era proprietário de uma serraria. Nesses dois bairros, predominantemente de classe média baixa naqueles tempos, Murillo criou um mundo de relações, em especial nos bares frequentados por toda espécie de gente, onde se bebia e se fumava maconha, embora essa não fosse sua inclinação, pois ele era um fumante inveterado de cigarros. Bom de conversa e bom de sinuca, ganhara mais respeito entre a turma dos bairros, pois — coisa rara naquele meio — ele obtivera, numa faculdade prestigiosa [Faculdade de Direito da USP], o diploma de advogado.
>
> Foram os laços sociais de Murillo que permitiram um início promissor de nosso escritório de advocacia [...] [Fausto, 2010:65].

O escritório de Fausto atendia a proprietários que queriam despejar seus inquilinos, pais em busca de ajuda para filhos acusados pela polícia, pessoas em litígio com vizinhos, famílias judias em busca de um bom casamento para suas filhas (Fausto, 2010:70-74), assim como empresas:

> Fomos também advogados "de partido", ou seja, pagos mensalmente por uma ou outra empresa. Lembro-me sobretudo de uma grande loja de tecidos nas proximidades da rua 25 de Março, cujo proprietário, de origem síria ou libanesa, era concunhado do Murillo. Em geral, nos cabia realizar uma atividade para a qual eu era maldotado: cobrar clientes da loja, pequenos comerciantes que tinham prestações em atraso [Fausto, 2010:71-72].

No início da década de 1960, o historiador abandonou a advocacia liberal, convencido de que: "Não era possível formar uma família contando apenas com entradas financeiras irregulares". Tornou-se funcionário público, ao ingressar na carreira de procurador do Estado (Fausto, 2010:79). Observo que, no período em que manteve o escritório, Fausto era militante trotskista (Fausto, 2010:85-129), pertencendo, assim, ao setor esquerdista da categoria profissional.

Conclusão

A consolidação da modernidade industrial no Brasil foi acompanhada de mudanças significativas no âmbito das profissões. O eixo dinâmico do mercado de trabalho foi deslocado do setor agrícola para o de prestação de serviços e comércio, que se tornou o principal gerador de novos empregos. Necessidades emergentes para a gestão do Estado e do capital privado transformaram profissões tradicionais e criaram novas ocupações. Em paralelo, o ensino superior, ainda que preservado como privilégio das classes alta e médias, conheceu uma ampliação inédita no país.

Nesse quadro, os advogados foram desalojados de determinadas atividades profissionais em benefício de novos especialistas, como economistas, administradores e cientistas sociais. Por outro lado, ocuparam uma parte (possivelmente menor que a de outros profissionais) dos postos abertos pelo desenvolvimento do Estado e da economia. A advocacia liberal permaneceu como o paradigma dominante na profissão, mas o assalariamento dos advogados avançou significativamente. Deste modo, as clivagens em termos de situação de trabalho e de ideologia acentuaram-se no interior da categoria profissional, dificultando a elaboração de uma pauta corporativa que atendesse aos interesses de todas as frações da advocacia.

Ameaçada no seu papel de porta-voz da categoria profissional, a OAB combateu os sindicatos de advogados e outras entidades (como a UNA) que pretendiam representar os setores subalternos da profissão. Para tanto, foi vital que assumisse uma agenda sindical, aliás, bem-sucedida na aprovação da seguridade social para os advogados e do novo estatuto da OAB. Entretanto, a elite profissional, em que pese sua provada capacidade de influenciar as decisões do governo federal e do Congresso Nacional, falhou na sua *démarche* para brecar a expansão do ensino jurídico. Em 1930, o Estado abdicou da prerrogativa de regulamentar a advocacia, repassando-lhe à elite profissional, por meio da OAB. Porém, duas décadas depois, ele manteve o controle sobre o ensino do direito, apesar da pressão da elite profissional para que compartilhasse consigo tal atribuição.

Referências

Fontes

A BATALHA, 30 abr. 1940.
A MANHÃ, 8 out. 1941.
____, 2 jul. 1942.
____22 ago. 1942.
____, 6 jun. 1943.
____, 14 abr. 1945.
A NOITE, 8 jun. 1939.
____, 21 dez. 1940.
____, 30 abr. 1944.
____, 29 jun. 1944.
____, 7 dez. 1944.
ALMANAK LAEMMERT, 1938.
ANAIS da 1ª Conferência Nacional da Ordem dos Advogados do Brasil. Rio de Janeiro: Conselho Federal da Ordem dos Advogados, 1987.
ANAIS da 2ª Conferência Nacional da Ordem dos Advogados do Brasil. São Paulo: Revista dos Tribunais, 1961.
ANAIS da Assembleia Nacional Constituinte. Rio de Janeiro: Imprensa Nacional, 1935. v. III.
____. Rio de Janeiro: Imprensa Nacional, 1935. v. IV.
____. Rio de Janeiro: Imprensa Nacional, 1936. v. X.
____. Rio de Janeiro: Imprensa Nacional, 1936. v. XIII.
____. Rio de Janeiro: Imprensa Nacional, 1937. v. XXII.
ANUÁRIO estatístico do Brasil 1908-1912. Rio de Janeiro: Diretoria Geral de Estatística, 1927. v. 3.
ANUÁRIO estatístico do Brasil 1936. Rio de Janeiro: IBGE, 1936. v. 2.
ANUÁRIO estatístico do Brasil 1937. Rio de Janeiro: IBGE, 1937. v. 3.
ANUÁRIO estatístico brasileiro 1938. Rio de Janeiro: IBGE, c. 1939. v. 4.
ANUÁRIO estatístico do Brasil 1939/1940. Rio de Janeiro: IBGE, c. 1941. v. 5.

ANUÁRIO estatístico do Brasil 1941/1945. Rio de Janeiro: IBGE, 1946. v. 6.
ANUÁRIO estatístico do Brasil 1946. Rio de Janeiro: IBGE, 1947. v. 7.
ANUÁRIO estatístico do Brasil 1947. Rio de Janeiro: IBGE, 1948. v. 8.
ANUÁRIO estatístico do Brasil 1948. Rio de Janeiro: IBGE, 1949. v. 9.
ANUÁRIO estatístico do Brasil 1949. Rio de Janeiro: IBGE, 1950. v. 10.
ANUÁRIO estatístico do Brasil 1951. Rio de Janeiro: IBGE, 1952. v. 12.
ANUÁRIO estatístico do Brasil 1953. Rio de Janeiro: IBGE, 1953. v. 14.
ANUÁRIO estatístico do Brasil 1954. Rio de Janeiro: IBGE, 1954. v. 15.
ANUÁRIO estatístico do Brasil 1955. Rio de Janeiro: IBGE, 1955. v. 16.
ANUÁRIO estatístico do Brasil 1956. Rio de Janeiro: IBGE, 1956. v. 17.
ANUÁRIO estatístico do Brasil 1957. Rio de Janeiro: IBGE, 1957. v. 18.
ANUÁRIO estatístico do Brasil 1958. Rio de Janeiro: IBGE, 1959a. v. 19.
ANUÁRIO estatístico do Brasil 1959. Rio de Janeiro: IBGE, 1959b. v. 20.
ANUÁRIO estatístico do Brasil 1960. Rio de Janeiro: IBGE, 1960. v. 21.
ANUÁRIO estatístico do Brasil 1961. Rio de Janeiro: IBGE, 1961. v. 22.
ANUÁRIO estatístico do Brasil 1962. Rio de Janeiro: IBGE, 1962. v. 23.
ANUÁRIO estatístico do Brasil 1963. Rio de Janeiro: IBGE, 1963. v. 24.
ANUÁRIO estatístico do Brasil 1964. Rio de Janeiro: IBGE, 1964. v. 25.
ANUÁRIO estatístico do Brasil 1965. Rio de Janeiro: IBGE, 1965. v. 26.
ANUÁRIO estatístico do Brasil 1972. Rio de Janeiro: IBGE, 1972. v. 33.
ARQUIVO DO SINDICATO DOS ADVOGADOS DO RIO DE JANEIRO. *Ata do Sindicato Brasileiro de Advogados*, 2 set. 1936.
____, 30 ago. 1938.
____, 16 set. 1941.
____, 30 jun. 1943.
____, 31 maio 1944.
BOLETIM da Ordem dos Advogados do Brasil, v. 1, n. 1, out. 1957.
____, v. 2, n. 4, abr. 1958.
BOLETIM do Ministério do Trabalho, Indústria e Comércio, n. 108, ago. 1943.
____, n. 118, jun. 1944.
____, n. 131, jul. 1945.
CENSO 2010. Disponível em: https://censo2010.ibge.gov.br/sinopse/index.php?-dados=4&uf=00. Acesso em: 4 jun. 2018.
CF-OAB. Ata de sessão do Conselho Federal, 20 nov. 1934.
____. 25 ago. 1937.
____. 18 out. 1938.
____. 11 jul. 1939.
____. 24 out. 1939.
____. 18 jun. 1940.

_____. 20 ago. 1940.
_____. 18 fev. 1941.
_____. 20 maio 1941.
_____. 23 maio 1941.
_____. 27 maio 1941.
_____. 28 maio 1941.
_____. 30 maio 1941.
_____. 1º jun. 1941.
_____. 2 jun. 1941.
_____. 3 jun. 1941.
_____. 4 jun. 1941.
_____. 10 jun. 1941.
_____. 17 jun. 1941.
_____. 8 jul. 1941.
_____. 19 maio 1942.
_____. 26 maio 1942.
_____.14 jul. 1942.
_____. 18 ago. 1942.
_____. 25 abr. 1944.
_____. 1º ago. 1944.
_____. 14 nov. 1944.
_____. 26 mar. 1945.
_____. 24 abr. 1945.
_____. 11 maio 1945.
_____. 26 jun. 1945
_____. 28 ago. 1945.
_____. 18 set. 1945.
_____. 25 set. 1945.
_____. 2 out. 1945.
_____. 16 out. 1945.
_____. 23 out. 1945
_____. 30 out. 1945.
_____. 26 maio 1953.
_____. 25 maio 1954.
_____. 11 ago. 1954.
_____. 26 out. 1954.
_____. 25 out. 1955.
_____. 1º nov. 1955.
_____. 22 nov. 1955.

____. 11 ago. 1956.
____. 2 out. 1956.
____. 27 ago. 1957.
____. 26 nov. 1957
____. 15 abr. 1958.
____. 19 maio 1959.
____. 26 maio 1959.
____. 16 jun. 1959.
____. 24 nov. 1959.
____. 25 out. 1960.
____. 29 nov. 1960.
____. 18 abr. 1961.
____. 21 nov. 1961.
____. 15 maio 1962.
____. 5 jun. 1962.
____. 12 jun. 1962.
____. 11 ago. 1962.
____. 11 jun. 1963.
____. 15 dez. 1964.
CONSTITUIÇÃO da República dos Estados Unidos do Brasil, de 16 jul. 1934.
CONSTITUIÇÃO dos Estados Unidos do Brasil, de 10 nov. 1937.
CORREIO DA MANHÃ, 19 jul. 1936.
____, 2 jun. 1937.
____, 29 jul. 1937.
____, 18 nov. 1937.
____, 23 nov. 1937.
____, 5 dez. 1937.
____, 8 jun. 1941.
____, 2 ago. 1941.
____, 2 jun. 1943.
____, 12 maio 1945.
____, 5 set. 1945.
____, 28 set. 1945.
____, 16 out. 1945.
____, 19 out. 1945.
____, 30 jul. 1958.
CORREIO PAULISTANO, 2 jul. 1939.
____, 31 ago. 1939.
CPDOC-FGV. Arquivo Benedito Valadares, BVa ig 1944.10.25.

____. Arquivo Getúlio Vargas, GV c 1932.06.18.
____. Arquivo Getúlio Vargas, GV c 1934.10.02/1.
____. Arquivo Gustavo Capanema, GC h 1938.01.08.
____. Arquivo Lindolfo Collor, LC c 1931.03.06.
____. Arquivo Lindolfo Collor, LC c 1931.08.24.
____. Entrevista concedida por Augusto do Amaral Peixoto em 1975.
DECRETO nº 19.408, de 18 nov. 1930.
DECRETO nº 19.770, de 19 mar. 1931.
DECRETO nº 20.109, de 16 jun. 1931.
DECRETO nº 20.158, de 30 jun. 1931.
DECRETO nº 20.377, de 19 jan. 1931.
DECRETO nº 20.784, de 18 nov. 1931.
DECRETO nº 20.931, de 11 jan. 1932.
DECRETO nº 22.478, de 20 fev. 1933.
DECRETO nº 23.196, de 12 out. 1933.
DECRETO nº 23.569, de 11 dez. 1933.
DECRETO nº 24.694, de 12 jul. 1934.
DECRETO-LEI nº 1.402, de 5 jul. 1939.
DECRETO-LEI nº 2.162, de 1º maio 1940.
DECRETO-LEI nº 2.377, de 8 jul. 1940.
DECRETO-LEI nº 2.381, de 9 jul. de 1940.
DECRETO-LEI nº 3.995, de 31 dez. 1941.
DECRETO-LEI nº 5.452, de 1º maio 1943.
DECRETO-LEI nº 5.670, de 15 jul. 1943.
DECRETO-LEI nº 7.955, de 13 set. 1945.
DIÁRIO CARIOCA, 12 dez. 1937.
____, 12 fev. 1939.
____, 10 nov. 1938.
____, 28 jun. 1945.
DIÁRIO DA NOITE, 8 nov. 1944.
DIÁRIO DE NOTÍCIAS, 26 fev. 1938.
____, 18 out. 1938.
____, 17 maio 1941.
____, 10 jul. 1941.
____, 10 ago. 1941.
____, 28 set. 1941.
____, 30 jan. 1943.
____, 10 abr. 1943.
____, 13 jun. 1945.

____, 3 out. 1945.
____, 17 out. 1945.
____, 20 out. 1945.
DIÁRIO DO PARANÁ, 20 dez. 1945.
DIÁRIO DE PERNAMBUCO, 30 jul. 1935.
____, 19 set. 1945.
DIRETRIZES, 15 jan. 1946, p. 7.
ESTATUTO Social do Sindicato dos Advogados no Estado do Rio Grande do Sul, 1997. Disponível em: www.siscomp.com.br/sindadvrs/. Acesso em: 10 nov. 2015.
FIOCRUZ. Casa de Oswaldo Cruz. *Depoimentos orais do projeto* 1995: 50 anos de criação do Conselho Regional de Medicina do Rio de Janeiro, Entrevista de Carlos Renato Grey concedida em 1994 (BR RJCOC 05-05-02-03-02), fita 6.
____. *Depoimentos orais do projeto* 1995: 50 anos de criação do Conselho Regional de Medicina do Rio de Janeiro, Entrevista de Renato Pacheco Filho concedida em 1994 e 1995 (BR RJCOC 05-05-02-03-04), fita 3.
____. Fundo Álvaro Tavares de Souza, ATS/PI/19381240.
____. Fundo Álvaro Tavares de Souza, ATS/AM/19301209-2, Boletim do Sindicato Médico Brasileiro.
GAZETA DE NOTÍCIAS, 4 maio 1937.
____, 12 mar. 1938.
JORNAL DO BRASIL, 3 out. 1934.
____, 23 jun. 1935.
____, 29 jun. 1935.
____, 9 ago. 1936.
____, 25 set. 1937.
____, 1º dez. 1938.
____, 5 abr. 1939.
____, 13 jul. 1944.
____, 24 jul. 1945.
JORNAL DO COMMERCIO, 20 out. 1945.
____, 28 jul. 1940.
____, 3 set. 1941.
JORNAL DO RECIFE, 18 jul. 1931.
LEI nº 4.215, de 27 abr. 1963.
O COMBATE, 20 mar. 1934.
O DIA, 28 mar. 1937.
O JORNAL, 5 abr. 1938.
____, 14 abr. 1939.

____, 17 nov. 1942.

____, 12 dez. 1944.

O RADICAL, 15 mar. 1940.

REPÚBLICA, 30 maio 1934, p. 2

REVISTA SENGE-RJ (Sindicato dos Engenheiros no Estado do Rio de Janeiro), ed. esp., 2011.

SINOPSE retrospectiva do ensino no Brasil 1871/1954. Rio de Janeiro: IBGE, 1956.

SINOPSE retrospectiva do ensino no Brasil 1933/1958. Rio de Janeiro: IBGE, c. 1958.

TRIBUNA POPULAR, 15 set. 1945.

____, 3 out. 1945.

Bibliografia

ALMEIDA JÚNIOR, A. M. Do declínio do Estado Novo ao suicídio de Getúlio Vargas. In: FAUSTO, B. (Dir.). *História geral da civilização brasileira*. São Paulo: Difel, 1981. t. 3, v. 3.

ALMEIDA, F. R. N. de. *A advocacia e o acesso à Justiça no Estado de São Paulo* (1980-2005). Dissertação (mestrado em ciência política) – Universidade de São Paulo, São Paulo, 2005.

ANTUNES, R. *Classe operária, sindicatos e partido no Brasil*. São Paulo: Cortez, 1982.

ARANTES, R. B. *Ministério Público e política no Brasil*. São Paulo: Educ; Editora Sumaré, 2002.

ARAÚJO, A. M. C. Estado e trabalhadores. In: ARAÚJO, A. (Org.). *Do corporativismo ao neoliberalismo*. São Paulo: Boitempo, 2002.

____; TAPIA, J. R. B. Corporativismo e neocorporativismo: o exame de duas trajetórias. BIB, n. 32, p. 1-30, 1991.

ARÊAS, L. B. *Consentimento e resistência*: um estudo sobre as relações entre trabalhadores e Estado no Rio de Janeiro (1930-1945). Tese (doutorado em história social) – Universidade Estadual de Campinas, Campinas, 2000.

ASSIS, M. de. (Coord.). *Mercado de trabalho em São Paulo (aspectos gerais)*. São Paulo: Editora Nacional; Instituto de Pesquisas Econômicas, 1972.

AXT, G. *O Ministério Público no Rio Grande do Sul*: evolução histórica. Porto Alegre: Procuradoria-Geral da Justiça, 2001.

BARRETO, A. A. de B. Representação das associações profissionais no Brasil: o debate dos anos 1930. *Revista de Sociologia e Política*, n. 22, p. 119-133, 2004.

BASTOS, A. W. A *Ordem dos Advogados e o Estado democrático no Brasil*. Tese (doutorado em ciência política) – Instituto Universitário de Pesquisas do Rio de Janeiro, Rio de Janeiro, 2007.

BENEVIDES, M. V. de M. *A UDN e o udenismo*: ambigüidades do liberalismo brasileiro (1945-1965). Rio de Janeiro: Paz e Terra, 1981.

BERALDO, R. Associativismo médico, profissionalização e intercâmbio científico: uma análise a partir do caso paranaense. *Revista de História Regional*, v. 23, n. 2, p. 420-445, 2018.

BOITO JR., A. *O sindicalismo de Estado no Brasil*. São Paulo: Hucitec; Campinas: Editora Unicamp, 1991.

BONELLI, M. da G. *Profissionalismo e política no mundo do direito*: as relações dos advogados, desembargadores, procuradores de justiça e delegados de polícia com o Estado. São Carlos: EdUFSCar/Editora Sumaré, 2002.

BOSCHI, R. R. Corporativismo. In: AVRITZER, L.; ANASTÁCIA, F. (Org.). *Reforma política no Brasil*. Belo Horizonte: Editora UFMG, 2007. p. 116-122.

____. *Elites industriais e democracia*. Rio de Janeiro: Graal, 1979.

____.; LIMA, M. R. S. O Executivo e a construção do Estado no Brasil. In: VIANNA, L. W. (Org.). *A democracia e os três poderes no Brasil*. Belo Horizonte: Editora da UFMG; Rio de Janeiro: Iuperj; Faperj, 2002.

BOURDIEU, P. *Homo academicus*. Paris: Minuit, 1984.

BRESSER-PEREIRA, L. C. *A construção política do Brasil*. São Paulo: Editora 34, 2014.

CANÊDO, L. *O sindicalismo bancário em São Paulo*. São Paulo: Símbolo, 1978.

CARDOSO, A. M. *A década neoliberal e a crise dos sindicatos no Brasil*. São Paulo: Boitempo, 2003.

____. *A trama da modernidade*. Rio de Janeiro: Iuperj-Ucam; Revan, 1999.

____. Estado Novo e corporativismo. *Locus*: Revista de História, v. 13, n. 2, p. 109-118, 2007.

____. Sindicalismo, trabalho e empresa. In: ESTATÍSTICAS do século XX. Rio de Janeiro: IBGE, 2006.

CARNEIRO, L. *O livro de um advogado*. Rio de Janeiro: A. Coelho Branco Filho Editor, 1943.

CARONE, E. *A Segunda República*. São Paulo: Difel, 1973.

CARVALHO, J. M. de. *A construção da ordem*: a elite política imperial. Teatro de sombras: a política imperial. Rio de Janeiro: Civilização Brasileira, 2003.

CAWSON, A. *Corporatism and political theory*. Londres: Basil Blackwell, 1986.

CEPÊDA, V. A. Contexto político e crítica à democracia liberal: a proposta de representação classista na Constituinte de 1934. In: MOTA, C. G.; SALINAS, N. S. C. (Coord.). *Os juristas na formação do Estado-Nação brasileiro*: de 1930 aos dias atuais. São Paulo: Saraiva, 2010. p. 195-221.

COELHO, E. C. As *profissões imperiais*: medicina, engenharia e advocacia no Rio de Janeiro: 1822-1930. Rio de Janeiro: Record, 1999.

COLLIER, D.; COLLIER, R. B. Who does what, to whom, and how: toward a comparative analysis of Latin American corporatism. In: MALLOY, J. M. (Ed.). *Authoritarism and corporatism in Latin America*. Pittsburgh: University of Pittsburgh Press, 1977. p. 489-512.

CORRÊA, L. R. *A tessitura dos direitos*: patrões e empregados na Justiça do Trabalho, 1953-1964. São Paulo: LTr, 2011.

CORRÊA, M. L. Estado e desenvolvimento no Brasil: um estudo de caso sobre engenheiros e economistas (1956-1961). *Revista Intellectus*, v. 6, n. 1, p. 1-15, 2007.

COSTA, H. *Em busca da memória*. São Paulo: Scritta, 1995.

COSTA, V. M. R. *A armadilha do Leviatã*: a construção do corporativismo no Brasil. Rio de Janeiro: Editora Uerj, 1999.

____. Origens do corporativismo brasileiro. In: BOSCHI, R. R. (Org.). *Corporativismo e desigualdade*: a construção do espaço público no Brasil. Rio de Janeiro: Rio Fundo Editora; Iuperj, 1991.

COUTINHO, C. N. *Gramsci*: um estudo sobre seu pensamento político. Rio de Janeiro: Campus, 1992.

COUTINHO, L. O *General Góes depõe*... Rio de Janeiro: Livraria Editora Coelho Branco, 1955.

CUNHA, L. A. A *universidade crítica*. Rio de Janeiro: Francisco Alves, 1983.

CYTRYNOWICZ, R. *Guerra sem guerra*. São Paulo: Geração Editorial; Edusp, 2000.

DANTAS, A. V. A democracia na berlinda e a consolidação da OAB: entre a denúncia e a vigília (1946-1968). In: MOTTA, M. S. da; DANTAS, A. V. *História da Ordem dos Advogados do Brasil*: da redemocratização ao Estado democrático de direito (1946-1988). Brasília: OAB, 2006. p. 21-108.

DIAS, J. L. de M. Os engenheiros do Brasil. In: GOMES, A. de C. (Coord.). *Engenheiros e economistas*: novas elites burocráticas. Rio de Janeiro: Editora da FGV, 1994. p. 13-81.

DINIZ, E. *Empresário, Estado e capitalismo no Brasil*: 1930/1945. Rio de Janeiro: Paz e Terra, 1978.

____. Estado Novo. Estrutura de poder. Relações de classe. In: FAUSTO, B. (Dir.). *História geral da civilização brasileira*. Rio de Janeiro: Bertrand Brasil, 1996. t. 3, v. 3, p. 77-120.

____; BOSCHI, R. Autonomia e dependência na representação de interesses industriais. *Dados*, n. 22, p. 25-48, 1979.

____; ____. Estado e sociedade no Brasil: uma revisão crítica. In: DINIZ, E. et al. *O que se deve ler em ciências sociais no Brasil*. São Paulo: Cortez; Anpocs, 1986. v. 1, p. 9-34.

____; ____. O corporativismo na construção do espaço público. In: BOSCHI, R. R. (Org.). *Corporativismo e desigualdade*: a construção do espaço público no Brasil. Rio de Janeiro: Rio Fundo Editora; Iuperj, 1991. p. 11-29.

DINIZ, M. *Os donos do saber*: profissões e monopólios profissionais. Rio de Janeiro: Revan, 2001.

DONNANGELO, M. C. F. *Medicina e sociedade*. São Paulo: Pioneira, 1975.

DRAIBE, S. *Rumos e metamorfoses*: Estado e industrialização no Brasil, 1930-1960. Rio de Janeiro: Paz & Terra, 2004.

DULLES, J. W. F. *Sobral Pinto*: a consciência do Brasil. Rio de Janeiro: Nova Fronteira, 2001.

ENGELMANN, F. *Sociologia do campo jurídico*: juristas e usos do direito. Porto Alegre: Sergio Antonio Fabris Editor, 2006.

EVANS, P. B.; RUESCHMEYER, D.; SKOCPOL, T. *Bringing the State back in*. Cambridge: Cambridge University Press, 2002.

FAGUNDES, L. *Instituto dos Advogados Brasileiros*: 150 anos de história, 1843-1993. Rio de Janeiro: IAB; Destaque, 1995.

FALCÃO, J. *Os advogados*: ensino jurídico e mercado de trabalho. Recife: Fundação Joaquim Nabuco; Editora Massangana, 1984.

FARIA, V. Mudanças na composição do emprego e na estrutura das ocupações. In: BACHA, E.; KLEIN, H. S. *A transição incompleta*: Brasil desde 1945. Rio de Janeiro: Paz e Terra, 1986. v. 1.

FAUSTO, B. *A revolução de 1930*: historiografia e história. São Paulo: Brasiliense, 1989.

____. *História do Brasil*. São Paulo: Edusp, 2006.

____. *Memórias de um historiador de domingo*. São Paulo: Companhia das Letras, 2010.

FERNANDES, F. A universidade em uma sociedade em desenvolvimento. In: ____. *Circuito fechado*. São Paulo: Hucitec, 1976. p. 142-224.

FERREIRA, J. A democratização de 1945 e o movimento queremista. In: FERREIRA, J.; DELGADO, L. de A. N. (Org.). *O Brasil republicano*: o tempo da experiência democrática. Rio de Janeiro: Civilização Brasileira, 2011. p. 13-46.

FERREIRA, M. de M. A Reação Republicana e a crise política dos anos 20. *Estudos Históricos*, v. 11, p. 9-23, 1993.

FERREIRA, N. E. Seção Ordens profissionais. In: FRANCO, J. E.; MOURÃO, J. A.; GOMES, A. C. da C. (Org.). *Dicionário histórico das ordens e instituições afins em Portugal*. Lisboa: Gradiva, 2010. p. 941-982.

FORJAZ, M. C. S. F. *Tenentismo e Forças Armadas na Revolução de 30*. Rio de Janeiro: Forense Universitária, 1988.

FORTES, A. *"Nós do Quarto Distrito..."*: a classe trabalhadora porto-alegrense e a Era Vargas. Tese (doutorado em história) – Universidade Estadual de Campinas, Campinas, 2001.

____. Revendo a legalização dos sindicatos: metalúrgicos de Porto Alegre (1931-1945). In: FORTES, A.; NEGRO, N. L.; SILVA, F. T. da; COSTA, H.; FONTES, P. (Ed.). *Na luta por direitos*. Campinas: Editora da Unicamp, 1999. p. 19-49.

FRANCO, A. A. de M. *Um estadista da República*: Afrânio de Melo Franco e seu tempo. Rio de Janeiro: Livraria José Olympio Editora, 1955.

FRENCH, J. *O ABC dos operários*. São Paulo: Hucitec; São Caetano do Sul: Prefeitura de São Caetano do Sul, 1995.

GOMES, A. de C. *A invenção do trabalhismo*. São Paulo: Vértice; Editora Revista dos Tribunais; Rio de Janeiro: Iuperj, 1988.

____. *Burguesia e trabalho*. Rio de Janeiro: Campus, 1979.

____. Confronto e compromisso no processo de constitucionalização (1930-1935). In: FAUSTO, B. (Dir.). *História geral da civilização brasileira*. Rio de Janeiro: Bertrand Brasil, 1996. t. 3, v. 3, p. 7-75.

____. Novas elites burocráticas. In: GOMES, A. de C. (Coord.). *Engenheiros e economistas*: novas elites burocráticas. Rio de Janeiro: Editora da Fundação Getulio Vargas, 1994. p. 1-12.

GRAMSCI, A. *Cadernos do cárcere. Maquiavel. Notas sobre o Estado e a política*. Rio de Janeiro: Civilização Brasileira, 2000. v. 3.

GUEIROS, N. *A advocacia e o seu estatuto*. Rio de Janeiro: Livraria Freitas Bastos, 1964.

GUIMARÃES, L. M. P.; BESSONE, T. *História da Ordem dos Advogados do Brasil*: criação, primeiros percursos e desafios (1930-1945). Brasília: OAB, 2003. v. 4.

HARDING, T. *The political history of organized labor in Brazil*. Tese (doutorado) – Stanford University, Stanford, 1973.

HUTCHINSON, B. A origem socioeconômica dos estudantes universitários. In: ____. *Mobilidade e trabalho*. Rio de Janeiro: Inep, 1960. p. 139-155.

____; CASTALDI, C. A hierarquia de prestígio das ocupações. In: HUTCHINSON, B. *Mobilidade e trabalho*. Rio de Janeiro: Inep, 1960. p. 19-51.

IANNI, O. *Estado e capitalismo*. São Paulo: Brasiliense, 1989.

JAGUARIBE, H. *Desenvolvimento econômico e desenvolvimento político*. Rio de Janeiro: Paz & Terra, 1972.

KAWAMURA, L. K. *Engenheiro*: trabalho e ideologia. São Paulo: Ática, 1979.

KOHLI, A.; SHUE, V. State power and social forces: on political contention and accommodation in the Third World. In: MIGDAL J.; KOHLI, A.; SHUE, V. (Ed.). *State power and social forces*. Cambridge: Cambridge University Press, 2007. p. 293-326.

KONRAD, G. V. R. *Os trabalhadores e o Estado Novo no Rio Grande do Sul*. Tese (doutorado em história) – Universidade Estadual de Campinas, Campinas, 2006.

LAMOUNIER, B. Formação de um pensamento político autoritário na Primeira República. Uma interpretação. In: Fausto, Boris (Dir.). *História geral da civilização brasileira*. Rio de Janeiro: Bertrand Brasil, 2006. t. 3, v. 9, p. 371-404.

LEOPOLDI, M. A. *Industrial associations and politics in contemporary Brazil*. Tese (doutorado) – University of Oxford, Oxford, 1984.

____. O século do corporativismo? O empresariado industrial brasileiro e suas associações de classe. In: MUSIEDLAK, D. (Dir.). *Les experiénces corporatives dans l'aire latine*. Berna: Peter Lang, 2010. p. 391-440.

LESSA, R. *A invenção republicana*. Rio de Janeiro: Topbooks, 1999.

____; LINHARES, L. *Consenso e identidade*: os advogados e a sua ordem. Rio de Janeiro: OAB – Rio de Janeiro, 1991.

LIMA JR., O. B. de; KLEIN, L. M. G.; MARTINS, A. S. *O advogado e o Estado no Brasil*. Rio de Janeiro: Edições Dados, 1970.

LOS RIOS FILHO, A. *Legislação do exercício da engenharia, arquitetura e agrimensura*. Rio de Janeiro: Conselho Federal de Engenharia e Arquitetura, 1947.

MALLOY, J. M. Authoritarism and corporatism in America Latina. In: MALLOY, J. M. (Ed.). *Authoritarism and corporatism in America Latina*. Pittsburgh: University of Pittsburgh Press, 1977. p. 3-19.

MARINHO, M. J. M. da C. *Profissionalismo e credenciamento*: a política das profissões. Rio de Janeiro: Senai, 1986.

MARTINS, L. A revolução de 1930 e seu significado político. In: A REVOLUÇÃO DE 30. SEMINÁRIO INTERNACIONAL. Brasília: Ed. Universidade de Brasília, 1982. p. 668-689.

MATTOS, M. A. V. L. de. Os *cruzados da ordem jurídica*: a atuação da Ordem dos Advogados do Brasil (OAB), 1945-1964. São Paulo: Alameda, 2013.

MELLO, J. M. C. de; NOVAIS, F. A. Capitalismo tardio e sociabilidade moderna. In: SCHWARCZ, L. M. (Org.). *História da vida privada no Brasil*. São Paulo: Companhia das Letras, 1998. v. IV, p. 559-658.

MICELI, S. Intelectuais e classe dirigente no Brasil (1920-1945). In: ____. *Intelectuais à brasileira*. São Paulo: Companhia das Letras, 2001. p. 69-292.

MIGDAL, J.; KOHLI, A.; SHUE, V. Introduction: developing a state-in-view perspective. In: ____; ____; ____ (Ed.). *State power and social forces*. Cambridge: Cambridge University Press, 2007. p. 1-4.

MILLS, C. W. *A nova classe média*. Rio de Janeiro: Zahar Editores, 1976.

MOORE, B. *Social origins of dictatorship and democracy*. Boston: Beacon Press, 1967.

MORAIS FILHO, E. *O problema do sindicato único no Brasil*: seus fundamentos sociológicos. Rio de Janeiro: A Noite, 1952.

MOREIRA, V. *Autorregulação profissional e administração pública*. Coimbra: Almedina, 1997.

MOTA, A.; SCHRAIBER, L. B. Mudanças corporativas e tecnológicas da medicina paulista em 1930. *História, Ciências, Saúde – Manguinhos*, v. 16, n. 2, p. 345-360, 2009.

MOTTA, R. P. S. *As universidades e o regime militar*. Rio de Janeiro, Zahar, 2014.

NUNES, E. de O. *A gramática política do Brasil*. Rio de Janeiro: Garamond, 2010.

O'DONNELL, G. Acerca del corporativismo y la cuestion del Estado. In: LANZARO, J. (Comp.). *El fin del siglo del corporativismo*. Caracas: Nueva Sociedad, 1998. p. 121-168.

OLIVEIRA, A. B. de; CARVALHO, J. Z. S. *A formação de pessoal de nível superior e o desenvolvimento econômico*. Rio de Janeiro: Capes, 1960.

PASTORE, J. Desigualdade e mobilidade social: dez anos depois. In: BACHA, E.; KLEIN, H. S. *A transição incompleta*: Brasil desde 1945. Rio de Janeiro, Paz & Terra, 1986. v. 2, p. 31-60.

PECHMAN, R.; CARNEIRO, L. *Dicionário histórico-biográfico brasileiro*. Disponível em: http://cpdoc.fgv.br/acervo/dhbb. Acesso em: 10 nov. 2015.

PENA, E. S. *Pajens da casa imperial*: jurisconsultos e escravidão no Brasil do século XIX. 1998. Tese (doutorado em história) – Universidade Estadual de Campinas, Campinas, 1998.

PEREIRA NETO, A. de F. Ética e institucionalização da profissão médica (1927-57). Repertório de fontes documentais para uma história da criação dos conselhos de medicina. *História, Ciências, Saúde – Manguinhos*, v. 5, n. 2, p. 435-441, 1998.

____; MAIO, M. C. Origem e trajetória inicial do Sindicato Médico Brasileiro: algumas considerações. *Cadernos de História e Saúde*, v. 2, p. 108-112, 1992.

PÉRES, H. Conselhos de medicina. Origens, evolução e finalidades. In: CONSELHO REGIONAL DE MEDICINA DO ESTADO DA GUANABARA (CREMEG). *Ética médica*. Rio de Janeiro: Cremeg, 1974. p. 51-66.

PINHEIRO, P. S. Classes médias urbanas: formação, natureza, intervenção na vida política. In: FAUSTO, B. (Dir.). *História geral da civilização brasileira*. Rio de Janeiro: Bertrand Brasil, 1997. t. 3, v. 2, p. 13-45.

PINTO, A. A OAB nos 170 anos do ensino jurídico. In: ENSINO JURÍDICO OAB: 170 anos de cursos jurídicos no Brasil. Brasília: Conselho Federal da OAB, 1997. p. 9-34.

PINTO, A. C. *Latin American dictatorship in the era of fascism*. Nova York: Routeledge, 2020.

POLETTI, R. *Constituições brasileiras*: 1934. Brasília: Senado Federal, 2012.

POULANTZAS, N. *State, power, socialism*. Londres: Verso, 2000.

QUEIROZ, S. R. R. de. Os *radicais da República*. São Paulo: Brasiliense, 1986.

RAMOS, J. Conselhos de Medicina. In: CONSELHO REGIONAL DE MEDICINA DO ESTADO DA GUANABARA (CREMEG). *Ética médica*. Rio de Janeiro: Cremeg, 1974. p. 71-80.

REIS, E. Poder privado e construção de Estado sob a Primeira República. In: BOSCHI, R. (Org). *Corporativismo e desigualdade*. Rio de Janeiro: Rio Fundo Editora; Iuperj, 1991. p. 43-68.

RODRIGUES, L. M. *Destino do sindicalismo*. Rio de Janeiro: Centro Edelstein de Pesquisas Sociais, 2009.

ROMANELLI, O. de O. *História da educação no Brasil (1930/1973)*. Petrópolis: Vozes, 1978.

ROWLAND, R. Classe operária e estado de compromisso. *Estudos Cebrap*, v. 8, p. 6-40, 1974.

SAES, D. Classe média e política no Brasil, 1930-1964. In: FAUSTO, B. (Dir.). *História geral da civilização brasileira*. Rio de Janeiro: Bertrand Brasil, 1996. t. 3, v. 3, p. 447-506.

____. *Classe média e sistema político no Brasil*. São Paulo: T. A. Queiroz, 1984.

SCHMITTER, P. C. *Interest conflict and political change in Brazil*. Stanford: Stanford University Press, 1971.

____. Still the century of corporatism? *The Review of Politics*, v. 36, n. 1, p. 85-131, 1974.

SILVA, F. T. *Operários sem patrões*: da Barcelona à Moscou brasileira (trabalho e movimento operário em Santos no entreguerras). Tese (doutorado em história) — Universidade Estadual de Campinas, Campinas, 2000.

SINGER, P. Interpretação do Brasil: uma experiência histórica de desenvolvimento. In: FAUSTO, B. (Org.). *História geral da civilização brasileira*. Rio de Janeiro: Bertrand Brasil, 2007. t. 3, v. 11, p. 262-306.

SIQUEIRA, E. *Melhores que o patrão*: a luta pela cogestão operária na Companhia Brasileira de Cimento Portland Perus (1958-1963). Tese (doutorado em história) — Universidade Estadual de Campinas, Campinas, 2009.

SKIDMORE, T. E. *Brasil*: de Getúlio a Castelo Branco (1930-1964). Rio de Janeiro: Paz & Terra, 1976.

SOUZA, E. Trabalhadores, sindicatos e lutas por direitos na Bahia no final da Segunda Guerra Mundial. *Revista Mundos do Trabalho*, v. 11, p. 1-26, 2019.

SOUZA, P. F. de. *Uma história de desigualdade*. São Paulo: Hucitec; Anpocs, 2018.

STEPAN, A. *Estado, corporativismo e autoritarismo*. Rio de Janeiro: Paz & Terra, 1980.

TELLES, P. C. da S. *História da engenharia no Brasil (século XX)*. Rio de Janeiro: Clavero Editoração, 1993.

TRINDADE, H. *Integralismo*: o fascismo brasileiro na década de 30. São Paulo: Difel, 1979.

VALE, O. T. do. *O general Dutra e a redemocratização de 45*. Rio de Janeiro: Civilização Brasileira, 1978.

VANNUCCHI, M. A. Advogados e corporativismo de classe média no Brasil pós-1930. Passagens. *Revista Internacional de História Política e Cultura Jurídica*, v. 8, n. 3, p. 506-525, 2016a.

____. O corporativismo dualista: conselhos profissionais e sindicatos no Brasil, 1930-1964. *Estudos Ibero-Americanos*, v. 42, n. 2, p. 471-499, 2016b.

____. Estado, capitalismo e profissão: metamorfoses da advocacia nas décadas de 1940 a 1960. *História Unisinos*, v. 22, n. 4, p. 592-603, 2018.

____. O corporativismo como estratégia: governo Vargas, apoio social e a Constituinte de 1933-1934. *Ler História*, v. 75, p. 65-87, 2019.

VARGAS, G. *Diário* (1937/1942, *v.* II). São Paulo: Siciliano; Rio de Janeiro: Fundação Getulio Vargas, 1995.

____. *Discursos, mensagens e manifestos (Primeira parte)*, 1930-1934. Rio de Janeiro: Imprensa Nacional, 1935.

VENÂNCIO FILHO, A. *Das arcadas ao bacharelismo*. São Paulo: Perspectiva, 2011.

____. *Notícia histórica da* OAB, 1930-1980. São Paulo: Conselho Federal da OAB, 1982.

VIANNA, L. W. *Liberalismo e sindicato no Brasil*. Rio de Janeiro: Paz & Terra, 1976.

____. Os intelectuais da tradição e a modernidade: os juristas-políticos da OAB. In: ____. *Travessia*: da Abertura à Constituinte. Rio de Janeiro: Livraria Taurus Editora, 1986. p. 79-131.

VIANNA, M. *Os homens do Parquet*: trajetórias e processo de institucionalização do Ministério Público do Rio Grande do Sul (1930-1964). Porto Alegre: Procuradoria-Geral de Justiça, 2013.

VIEIRA, F. A. "*Fazer a classe*": identidade, representação e memória na luta do Sindicato Médico do Rio Grande do Sul pela regulamentação profissional (1931-1943). Dissertação (mestrado em história) — Universidade Federal do Rio Grande do Sul, Porto Alegre, 2009.

VILLELA, A. V.; SUZIGAN, W. *Política do governo e crescimento da economia brasileira*, 1889-1945. Brasília: Ipea, 2001.

VISCARDI, C. A representação profissional na Constituição de 1934 e as origens do corporativismo no Brasil. In: PINTO, A. C.; MARTINHO, F. P. (Org.). *A onda corporativa*: corporativismo e ditaduras na Europa e na América Latina. Rio de Janeiro: FGV Editora, 2016. p. 199-221.

____. *O teatro das oligarquias*. Belo Horizonte: Fino Traço Editora, 2012.

WEFFORT, F. *O populismo na política brasileira*. Rio de Janeiro: Paz & Terra, 1978.